Pensamentos
que ajudam

JOSÉ CARLOS
DE LUCCA

MAIS DE 1 MILHÃO DE LIVROS VENDIDOS

PENSAMENTOS QUE AJUDAM

INSPIRAÇÕES DE PAZ, SAÚDE E FELICIDADE PARA A SUA VIDA

intelítera
editora

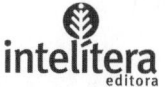

PENSAMENTOS QUE AJUDAM

Copyright© Intelítera Editora

Editores: *Luiz Saegusa* e *Claudia Zaneti Saegusa*
Direção Editorial: *Claudia Zaneti Saegusa*
Capa: *Casa de Ideias*
Projeto Gráfico e Diagramação: *Casa de Ideias*
Fotografia de Capa: *Shutterstock - Copyright: JACK36*
Revisão: *Rosemarie Giudilli*
12ª Edição: *2025*
Impressão: *Lis Gráfica e Editora*

Dados Internacionais de Catalogação na Publicação (CIP)
(Câmara Brasileira do Livro, SP, Brasil)

De Lucca, José Carlos
Pensamentos que ajudam / José Carlos De Lucca.
-- 1. ed. -- São Paulo : Intelítera Editora, 2016.

Bibliografia.

1. Autoconhecimento 2. Conduta de vida
3. Espiritismo 4. Pensamentos 5. Reflexões
I. Título.

15-07684   CDD-133.9

Índices para catálogo sistemático:
1. Reflexões : Espiritismo   133.9

ISBN: 978-85-63808-67-7

Rua Lucrécia Maciel, 39 - Vila Guarani
CEP 04314-130 - São Paulo - SP
(11) 2369-5377 - (11) 93235-5505
intelitera.com.br - facebook.com/intelitera

*Aos espíritos Isabel de Aragão e Batuíra,
que, das esferas de luz, velam por meus
tímidos passos na direção de Jesus.*

O autor cedeu os direitos autorais desta obra ao
Grupo de Apoio ao Menor do Cassinu,
obra social da Casa de Batuíra.
Rua Otacílio Collares, 15
São Gonçalo - RJ
CNPJ 30.179.907/0001-20

Um livro de paz e fraternidade, compreensão e fé, segundo o nosso caro Emmanuel, é sempre uma coleção de sementes de renovação e esperança que se entrega ao solo mental do mundo.

Chico Xavier[1]

Tenho a impressão de que para o leitor é reconfortante saber que não existem duas categorias de pessoas: as que voam 10 quilômetros acima da sua cabeça e aquelas que, como ele, se debatem na lama do cotidiano. Todas as pessoas são semelhantes: precisam trabalhar duro para serem melhores.

Christophe André[2]

---

1 *Lições de Chico Xavier de "A" a "Z"*, organização de Mucio Martins, LEEP.
2 O *Caminho da sabedoria*, obra coletiva, Editora Alaúde.

SUMÁRIO

Projeto em construção 11
Paz não é inércia 14
Uma bênção para você 17
Seja fértil 19
Dupla de auxílio 22
O lírio nasce do pântano 24
Amanhã é tarde 27
Recupere o fôlego 29
Você não vive mais lá 32
A melhor edição de nós mesmos 34
Acenda suas velas 37
Hora de sair da caverna 40
Vaso sagrado 43
Consciência e transformação 46
A outra margem 49
Claramente vivos 52
Meu amigo espiritual 55
Franciscar 58
Você tem fome de quê? 61
Paz de espírito 63
Sem pecado 66
Urgência de amar 69
A oração que cura 72
Poeira ao vento 75
O diamante 78
Parecido com o amor 81
Largar as pedras 84
Saindo de mim 88
Copo cheio 91

Progredir sempre	94
A força da gratidão	97
Mudar de dupla	100
Relativize	103
Curar as feridas da alma	106
Deixar de ser morno	110
O sal da terra	113
Três portas	117
Velcro ou teflon?	121
A voz da doença	125
Sabedoria do bem viver	128
Durante a noite escura	131
Hipoglicemia	134
Tudo novo	136
Retrovisor	139
Limpar a fonte	142
A bela e a fera	145
Desesperar, jamais	147
Presença de Deus	150
O retorno	153
A cura do mundo	157
Colírio	160
Passageiros	164
Lindos dentes	167
Temos muito que viver	170
Cadeira de balanço	173
Somos do céu	176
Velho amigo	179
Allegro gracioso	182
Virar um cão	185
Danúbio azul	188
Quebra-nozes	191

Chave e fechadura 194
Varrendo o quintal 197
Nosso caso de amor 200
Próximo voo 203
Gramática da emoção 207
O problema nº 84 210
Escalar a montanha 212
Êxtase 215
Girassol 219
Ética de mãe 222
Comédias, tangos e tragédias 224
Tiro ao alvo 227
Jangada no mar 230
Capa, galocha e guarda-chuva 233
Faxina geral 236
A maior viagem da nossa vida 239
Alívio ou cura? 243
Jardineiro 245
Lutando contra a morte 247

Projeto em construção

> *A aceitação de si mesmo tem alguma coisa a ver com humildade, com a coragem de aceitar sua própria humanidade.*
>
> Anselm Grün[3]

Um dos principais caminhos para se ter uma autoestima adequada é desenvolver a capacidade de aceitação de si mesmo. Ninguém ama o que não aceita. Quase todos nós alimentamos uma forte sensação de autorrejeição, por não sermos aquela pessoa perfeita que gostaríamos de ser. E isso nos deixa constantemente frustrados e inseguros, sem que o amor possa nos propiciar uma experiência mais feliz de viver.

Nosso grande algoz é o orgulho, que nos faz demasiadamente pretensiosos de uma perfeição para hoje, quando essa perfeição somente poderá ser conquistada ao longo de muitas vidas, de muitas experiências e, também, de muitos tropeços.

---

3   *Desenvolver a autoestima: Superar a incapacidade*, Editora Vozes.

Por isso, estou relacionando a aceitação de nós mesmos à humildade. Não basta saber que temos pontos fortes. É preciso também aceitar as nossas fraquezas e limites. Aceitar o nosso real tamanho! O orgulho nos põe no mundo do ideal e a humildade nos traz para o real, o único lugar em que as mudanças podem ocorrer.

Precisamos tirar as vendas do orgulho e nos enxergar com a naturalidade própria de um ser humano. Nem sempre agiremos com perfeição, nem sempre seremos os melhores, os mais fortes, nem sempre saberemos as respostas, nem sempre encontraremos a solução pronta para tudo. Nem sempre estaremos de bom humor, nem sempre teremos paciência. Quando tudo isso acontecer, vamos nos render à nossa condição humana, e, a partir dela, construir as pontes do nosso crescimento. Só cresce quem é humilde. O orgulhoso acha que já atingiu o patamar da perfeição e que, se algo ainda não deu certo, é porque o mundo é culpado.

Nesses momentos, a humildade nos ajuda a enfrentar a nossa ignorância. O orgulho nos faz ter ilusões de grandeza a nosso respeito, e, assim, impede que identifiquemos os nossos erros para, então, superá-los. Por isso, muitas vezes, a nossa vida trava, por mais que se tente movimentá-la para frente, pois o orgulho é como um véu que encobre as nossas imperfeições e limites, e somente quem enxerga a sua própria realidade é capaz de mudá-la.

Aceitemos que não somos uma obra pronta. Admitamos que somos um projeto em construção e que ainda carregamos pedras disformes que, aos poucos, serão naturalmente lapidadas. E não fiquemos tão desapontados conosco, porque nem

Deus deixa de nos amar e compreender um minuto sequer nos momentos em que as nossas fraquezas se escancaram! Deus sabe que é a fraqueza que um dia nos fará fortes, é a ignorância que nos trará à sabedoria, é a doença que levará à saúde, é o erro que nos conduzirá à experiência do acerto! Tudo está certo na ordem divina!

Hoje, eu só posso ser o que sou. E isso é bom. Isso é permitido. Isso é humano!

Paz não é inércia

Que a paz esteja com vocês!
JESUS[4]

Essa foi a saudação que Jesus fez aos discípulos, temerosos diante da perseguição que os líderes judeus promoviam contra os cristãos. Os discípulos estavam reunidos secretamente, amedrontados, e Jesus, que já havia sido crucificado, aparece-lhes em espírito, exortando que a paz estivesse com eles!

Hoje, talvez, estejamos aflitos por algum motivo. É possível que estejamos com medo – medo de viver, medo de que algo ruim nos aconteça, medo de que nossos sonhos desmoronem.

A experiência humana é cercada de muitos desafios e frustrações. Não temos garantia de que tudo sempre sairá bem. Nossos planos nem sempre darão certo. E mesmo aqueles que se concretizam, muitas vezes, ao longo do tempo, se tornam pesadelos.

---

[4] João: 20, 21.

Por essa razão, Jesus faz o apelo para que estejamos em paz, mesmo nos momentos dos grandes desafios.

Paz não é ausência de luta. Paz não é acovardamento perante os obstáculos. Paz não é fugir do mundo com medo de enfrentar contrariedades. Paz não é se isolar das pessoas com medo de ser ferido. Paz não é inércia, nem comodismo. Vale lembrar que Jesus veio falar de paz aos discípulos exatamente quando eles estavam atemorizados pela perseguição aos cristãos!

A paz nasce quando estamos realizando a nossa missão de vida. Nasce quando estamos plantando nossos sonhos, apesar das tempestades. A paz brota quando, a despeito do medo que sentimos, tomamos as atitudes necessárias à solução dos problemas que nos afligem. A paz surge quando expulsamos os conflitos com a coragem de entender e perdoar. A paz renasce quando, apesar de toda a guerra, nosso coração não desiste de amar!

Certa feita, Jesus falou palavras fortes e, aparentemente, estranhas. Disse que ele não tinha vindo trazer a paz, mas, sim, a espada.[5] É claro que Jesus não estava pregando a violência – isso seria incoerente com os seus ensinamentos de amor e bondade. Sou da opinião que, ao se referir à espada, Jesus quis se referir à necessidade que temos de cortar nossas ligações com o mal, isto é, cortar o egoísmo, o orgulho, o medo, a maledicência, a mágoa, o ódio e tudo aquilo que nos afasta da paz. Curiosamente, por mais paradoxal que possa parecer, não há paz sem luta – evidentemente, não luta contra o próximo, nem contra nós mesmos, mas luta contra as

---
5   Mateus: 10, 34.

nossas tendências inferiores que, uma vez manifestadas, criam conflitos em nossa vida, que tanto nos fazem sofrer.

Com Jesus, aprendemos que a paz não vem de fora, não nasce apenas quando o céu está azul, não é um empréstimo divino. A paz é uma virtude que construímos dentro de nós, sobretudo quando o céu está nublado de problemas, e seus alicerces estão na consciência tranquila por estarmos lutando contra o que nos impede de crescer e ser feliz!

Uma bênção para você

Seja onde for, abençoa para que a bênção dos outros te acompanhe. Todas as criaturas e todas as coisas te respondem segundo o toque de tuas palavras ou de tuas mãos.

SCHEILLA[6]

A melhor forma de recebermos bênçãos em nossa vida é nos tornando bênçãos para os outros. A vida se pauta pela lei da reciprocidade: o que damos recebemos. Se não estamos gostando do que temos recebido, é importante verificar o que temos dado de bom à vida. O egoísmo é a pior maldade que fazemos conosco!

Abençoar é levar o bem para a vida do próximo, e fazemos isso através de palavras, pensamentos e atitudes. Um simples sorriso, uma palavra amiga, um pensamento bom ou um abraço de conforto são luzes que lançamos na vida

---

[6] *Visão Nova*, espíritos diversos, psicografia de Francisco Cândido Xavier, IDE.

das pessoas e que retornam a nós em forma de bênçãos das mais variadas.

O bem é contagioso, e o primeiro a se contagiar é aquele que o pratica. A vida é o amor de Deus pulsando a todo instante. Quando o bem se exterioriza por nossos gestos, o amor nos abençoa, seja aliviando as nossas dores, seja suprindo as nossas carências. Ao menor gesto de bondade espontânea, nossa alma se conecta com a bondade divina, e, naturalmente, passamos a sentir um bem-estar considerável. Quando a alma transpira na caridade, a química do corpo se altera sensivelmente para melhor, e as engrenagens psíquicas viciadas são renovadas por outras, mais saudáveis.

Muitas pessoas, porém, esperam pela bênção do céu de braços cruzados. Não é coerente esperarmos que Deus nos abençoe em alguma necessidade e, ao mesmo tempo, nos omitirmos em ser a bênção possível na necessidade dos outros. Não seria justo pensar que o bem que praticamos pode ser a porta que se abre ao bem de que necessitamos?

Ninguém nos é indiferente. Do ponto de vista espiritual, estamos ligados a todos e todos estão ligados a nós. Somos galhos da mesma árvore, gotas do mesmo oceano. O bem ou o mal que fizermos a outrem, de alguma forma, repercutirá em nós, na mesma medida.

Vamos aproveitar as nossas horas, a partir de agora, para tocar as pessoas com boas palavras, pensamentos e atitudes, fazendo o que nos for possível para lhes abençoar a existência.

Se você estiver esperando urgentemente uma bênção, comece agora mesmo sendo uma bênção na vida de alguém que está no seu caminho. Essa pessoa pode ser o canal do auxílio que Deus enviou até você!

Seja fértil

Todos os dias, ao acordar, podemos desenvolver uma motivação positiva sincera, pensando: 'Vou utilizar este dia de um modo mais positivo. Eu não deveria desperdiçar justamente este dia'. E depois, à noite, antes de nos deitarmos, poderíamos verificar o que fizemos, com a pergunta: 'Será que utilizei este dia como planejava?'

DALAI-LAMA[7]

Utilizar o dia de um modo mais positivo. Raramente enxergamos o tempo como o tesouro mais valioso que Deus colocou à nossa disposição. Tempo desperdiçado é tempo que não volta mais. A hora vazia, geralmente, nos faz descambar para os estados negativos da mente, tornando-nos melancólicos, apáticos e queixosos. Quando isso acontece, nossa energia se contrai, enfraquece, ficamos sem motivação para agir na direção daquilo que gostaríamos que aconte-

---

[7] *A Arte da Felicidade, Um Manual para a Vida*, Martins Fontes.

cesse em nossa vida. E, no fim do dia, ficamos com a incômoda sensação de "dia perdido".

Precisamos trabalhar na direção do "dia ganho". E isso começa logo ao amanhecer, com uma espécie de "aquecimento mental", condicionando-nos a utilizar as horas que vão se seguir de uma forma positiva. Como podemos fazer isso? Um dito popular afirma: "tempo é dinheiro". Em certa medida, isso é muito verdadeiro. Mas a ideia não se aplica apenas ao dinheiro, ao trabalho. Tempo também é saúde, amor, espiritualidade, cultura, alegria, amizades. Quanto do meu tempo tenho investido nessas riquezas da alma, verdadeiros tesouros eternos?

Uma existência feliz depende de bons investimentos em todas as áreas que nos tragam bem-estar. Então, tomemos cuidado para não gastarmos o nosso tempo com pensamentos negativos, com lamentações, queixas, fofocas, recordações tristes e cultivo da autopiedade. Quando fazemos isso, estamos gastando o tempo na doença, na miséria e na solidão, estamos fechando os caminhos do nosso progresso material e espiritual.

Tenhamos cuidado para que não venhamos a matar o tempo, como popularmente se diz. Lembro-me de uma provocante pergunta de Jesus: "– Que fazeis de especial?"[8] Muitas vezes, vivemos anos a fio no mesmo ambiente familiar, mas nada fazemos de especial para que o convívio seja mais harmonioso. Outras vezes, trabalhamos na mesma empresa, ou no próprio negócio, mas não fazemos nada de especial para que o nosso trabalho se distinga em melhores serviços

---
8   Mateus: 5, 47.

para a clientela. Noutras situações, nós nos ligamos a determinada pessoa pelos laços do coração, mas o que temos feito de especial para que ela sinta nosso amor? Jesus nos propõe que nos tornemos pessoas especiais, e, para isso, Deus nos deu as horas de cada dia, para que a nossa vida seja fértil, nos deu talentos para serem multiplicados, e não enterrados no fosso das horas vazias.

Ao fechar este livro, vamos lembrar que o tempo está nos esperando para a construção de uma vida melhor. O tempo é, na verdade, a nossa maior riqueza! Por isso, gastemos o maior tempo possível naquilo que nos eleva, que nos deixa felizes, que nos faz crescer como seres humanos, que acrescente algo de bom na vida das pessoas. E lembremo-nos de que, se é verdade que o tempo não para, também é verdade que ele não volta mais.

Dupla de auxílio

As boas ações são a melhor prece, porquanto os atos valem mais do que as palavras.

ALLAN KARDEC[9]

Orar e agir. Eis uma dupla imbatível quando se fala em superação das dificuldades.

Pela prece, adquirimos força espiritual para resistirmos ao vendaval dos problemas que se abatem em nossa caminhada. Quando oramos com a simplicidade do nosso coração, entramos em sintonia com as forças divinas e, automaticamente, somos envolvidos por energias que restauram as nossas forças. Além do mais, através da prece, recebemos o apoio dos Espíritos de Luz, que nos inspiram a fé, a coragem e a sabedoria para superarmos os embates da vida.

Quando fazemos da prece um hábito, estamos mais bem preparados para vencer os desafios existenciais. Lutamos

---

9   *O Espiritismo na sua expressão mais simples*, FEB.

com mais força, temos mais resistência e agimos com mais acerto. Num mundo com tantos conflitos e desafios, viver sem oração é o mesmo que entrar numa guerra sem armadura!

Mas somente orar não basta. É preciso agir! Ir ao encontro das soluções para nossas dificuldades. Ninguém fará esse trabalho por nós. Do mundo espiritual, vem a força, a orientação; do Evangelho, vem a indicação do caminho a seguir, mas, da nossa parte, deve vir a atitude correspondente ao ideal de melhoria. Por isso, Allan Kardec fala na força superior das boas atitudes. Quando oramos e seguimos com as mãos vazias de atitudes, nossa prece fica no meio do caminho.

O doente que ora pedindo a cura deve buscar o equilíbrio das atitudes para a restauração da saúde. Aquele que pede ao Alto um emprego precisa bater em muitas portas e mostrar os seus talentos. O outro que suplica a paz dentro do lar necessita ser um pacificador junto aos familiares. O que pede a Deus que lhe abra uma porta precisa ser uma porta aberta para os demais.

É preciso lembrar que Deus costuma agir através dos nossos passos e caminhos. Quando agimos com amor, a começar por nós mesmos, o caminho fica livre para Deus realizar o melhor por nós.

Oração e ação positiva! Quando essa dupla se junta, grandes transformações acontecem. E nós podemos começar a juntá-las agora mesmo, não é?

O lírio nasce do pântano

> *Aceite a si e a tudo que faz parte de sua vida como uma oportunidade de crescimento e aprendizado. Sinta-se grato. Quando fizer uma bobagem, perdoe-se, aprenda o que puder com a experiência e depois vá em frente.*
>
> STEVEN JAMES[10]

Não seja inimigo de si mesmo!

Você, por certo, já cometeu inúmeros equívocos e está longe da perfeição, pois ainda é um ser humano em processo de aprendizado, como todos os habitantes do planeta. Então, por conta dos seus erros e inabilidades, não se afaste de si mesmo, não se condene, não se ponha no cárcere da rejeição de ser quem você é. Aceite-se! Aceite também as pessoas dentro dos limites que cada uma consegue ser.

---
10   *Apud* Bernie Siegel, *Paz Amor e Cura*, Summus Editorial.

Cuidado com o orgulho e a vaidade, que podem criar em nós a ilusão de que já deveríamos ser melhores do que realmente somos. A humildade nos põe os pés no chão! Somos seres que já fizeram algumas conquistas, mas com muitas estradas ainda a percorrer, o que é natural a todo ser humano.

Nossos pontos fracos não devem ser condenados, mas entendidos como oportunidades de aprendizado e crescimento. A condenação encarcera e nos mantém no erro, através da culpa. Já a aceitação é o primeiro passo da transformação, pois só a partir dela tomamos consciência dos nossos limites e nos propomos a aprender com nossos erros, reformulando atitudes.

A aceitação permite transformar espinhos em flores. Já a condenação nos deixa permanentemente num mar de lama. Somente a aceitação induz à maturidade, pois ela favorece o aprendizado sobre o que somos e o que temos feito da nossa vida, possibilitando-nos mudar o que não vai bem.

Talvez estejamos tomados pela vergonha de nossas quedas, por tropiçar inúmeras vezes na mesma pedra. Achamos que não temos jeito, que estamos condenados irremediavelmente à estrada do erro. Calma lá! Estou certo de que nossos tropeços ocorrem mais por fragilidade do que por maldade. Não acredito que, na essência, sejamos pessoas más, pois Deus não nos criou assim. Nascemos do amor de Deus, e ainda não fomos capazes de enxergar quanta luz e beleza existem dentro de nós. E tal sensação nos faz criaturas frágeis e inseguras, fadadas facilmente aos equívocos. Viemos a este mundo material para reconhecer nossas vulnerabilidades, e, a partir disso, nos lançar no mar da vida enfrentando algumas situações difíceis, pois somente através delas descobriremos o que Jesus falou sobre a nossa natureza divina e luminosa. O lírio nasce do pântano, e a pérola surge da ostra!

Somente podemos mudar algo em nós quando aceitamos o que somos, sem condenação, mas, também, sem comodismo. Façamos as pazes conosco, compreendamos a nossa marcha, tenhamos a lembrança de que somos alunos na escola da vida, cada um no seu ano, e que o único propósito nessa escola é de que, a partir do ponto onde nos encontramos, cada um avance, aprenda, refaça, recomece, nunca desista de si mesmo, lapidando, com o cinzel da humildade, o anjo que mora dentro de si.

Amanhã é tarde

Ama como se fosses morrer hoje.
SÊNECA[11]

Demonstre o seu amor hoje, como se você estivesse numa despedida.

Fale com as pessoas de tal modo que elas guardem de você as palavras mais ternas. Não perca a oportunidade de mostrar seu afeto a cada pessoa que cruzar o seu caminho hoje. Não adie o amor, não adie o sorriso, o olhar de candura, a boa palavra, o abraço caloroso e o beijo de ternura, porque ninguém sabe se amanhã reencontraremos essas pessoas.

Um dia sem amor é um dia perdido! E um dia que não volta mais! Somos espíritos imortais, mas a experiência na Terra tem prazo de validade. E ninguém sabe quando esse prazo expira.

---

11 *Provérbios de Sêneca*, seleção de William Castro.

É imenso o número de pessoas que, quando passam pela experiência da morte de um ente querido, ficam com a sensação de que poderiam ter amado um pouco mais. Reconhecem que amaram pela metade, um amor a conta-gotas, um amor à prestação, um amor que ficou devendo.

Esse também é o sentimento de muitos daqueles que partem para o outro lado da vida. Deram muito valor às questões materiais, gastaram muito tempo e energia com as inevitáveis chatices do dia a dia e não investiram em relações saudáveis, amizades gostosas, não trataram bem seus cônjuges e companheiros, deram pouco afeto aos filhos. E também não amaram a si mesmos.

Ninguém ignora a importância da vida material. Mas será que o lar não é mais importante do que a casa? Será que o patrimônio das nossas amizades não é um bem mais precioso do que o dinheiro que temos no banco? Na hora da nossa morte, a gente gostaria de estar rodeado do gerente do banco ou dos afetos queridos segurando a nossa mão? Será que o diálogo amistoso entre pais e filhos não seria o melhor investimento na educação das crianças e jovens?

Poderemos dar as coisas mais valiosas às pessoas, mas, se não dermos amor, teremos nos tornado as pessoas mais pobres do mundo.

Hoje, porém, é o dia em que ganharemos na loteria do amor e nos tornaremos as pessoas mais ricas na vida dos que cruzarem o nosso caminho. Somos nós que elas querem de presente. Presente é a nossa presença amorosa. E o momento disso é agora! Se eu fosse você, eu fecharia agora mesmo este livro e iria mostrar o meu amor a quem mais está precisando.

É o que eu também vou fazer...

Recupere o fôlego

Não permita que a dificuldade lhe abra porta ao desânimo, porque a dificuldade é o meio de que a vida se vale para melhorar-nos em habilitação e resistência.

André Luiz[12]

Não se renda ao desânimo!

É certo que, no calor das provações, podemos nos sentir abatidos. Isso é humano! O que devemos evitar é que o desânimo se apodere de nós de tal forma que trave o movimento que cada um necessita realizar para sair da dificuldade.

O desânimo funciona como aquele sinal luminoso colocado no painel do veículo indicando que o combustível está acabando. Quando a luz acende, o motorista deve procurar um posto para abastecer. Se não fizer isso, em questão de pouco tempo, o carro terá deixado de funcionar. Quando o desânimo se apresentar a você, é sinal de que está precisando

---

[12] *Respostas da Vida*, psicografia de Francisco Cândido Xavier, Ideal Editora.

reabastecer o seu espírito com o combustível da oração, da fé e da compreensão.

Se precisar, descanse. Mas não desista! Procure momentos de contato com a natureza, um passeio no parque, caminhar descalço na terra, abraçar uma árvore, admirar uma flor, encantar-se com o sorriso de uma criança. Viaje para onde for possível, nem que seja para o cinema mais próximo, para a sorveteria do seu bairro ou para tomar um café com seu melhor amigo. A vida precisa de pausas. Respire fundo e, depois, siga adiante. Você estará mais forte.

Não se esqueça da prece. Peça a Deus o suplemento de forças para a vitória que o aguarda, se você não desistir de caminhar. Quando nos sentimos fracos, Deus nos enche de forças novas! Tenha fé em sua capacidade de superação do problema que o aflige e peça a Deus a orientação do melhor caminho a seguir.

Não acredite, porém, que Deus lhe trará caminhos fáceis, em que predomine a lei do menor esforço. Talvez Deus não mude a sua situação. Ele pode estar usando essa situação para que você mude! Compreenda que a sabedoria divina se utiliza dos obstáculos para que cada um de nós se torne mais competente e resistente.

Então, convém a cada um se perguntar: diante do problema que enfrento, quais habilidades preciso desenvolver para superar a dificuldade? Preciso ser mais paciente? Preciso aprender a lidar melhor com as pessoas? Necessito me qualificar melhor profissionalmente? Careço reciclar conhecimentos? Preciso ser mais corajoso? Careço de mais perseverança? Não estou sendo muito melindroso? Tenho cuidado de mim com atenção?

Essas são algumas das muitas perguntas que poderão surgir nesse momento. Faça isso sem o propósito de gerar culpa, mas com a finalidade de induzir-se a novas atitudes vencedoras. Saiba que nossos problemas, geralmente, surgem nas áreas em que precisamos crescer. Por isso, a cada problema resolvido, uma pessoa melhor e mais feliz renasce dentro de nós!

Você não vive mais lá

Tudo isso aconteceu ontem e eu estou vivendo hoje.
GARY MACKAY E DON DINKMEYER[13]

Não transporte o passado para o seu presente!

Deixe o passado onde ele está, onde tudo terminou, onde nada mais se pode fazer, onde nada mais pode ser mudado. Você não vive mais lá! Você está vivendo hoje, num tempo em que aqueles fatos incômodos e dolorosos já não existem mais. Não seja um coveiro desenterrando cadáveres! Lembre-se das palavras de Jesus: "deixe que os mortos enterrem os seus mortos."[14] Deixe o passado enterrar o seu passado! Não queira dar vida ao que já está morto, decompondo-se.

Por certo, algumas experiências do ontem lhe deixaram marcas, cicatrizes, feridas abertas. Mas não é justo que você continue assim! É preciso cuidar do seu machucado, até que

---

13 *Você decide com se sente*, Editora Best Seller.
14 Lucas: 9, 60.

ele não doa mais. Se você for ao médico com um ferimento no corpo, ele vai receitar remédios e curativos para que a ferida se feche. Faça o mesmo em relação às suas feridas íntimas. Proteja-as de novos arranhões, evitando as recordações incessantes de situações que já não existem mais. Feche as cortinas da tragédia que já se encerrou! A peça acabou, e não deixe que ela se reapresente em sua mente!

Quando seus pensamentos quiserem trazer de volta a experiência aflitiva, apresse-se em acalmar a mente dizendo: "tudo isso aconteceu ontem, e eu estou vivo hoje!" Repita isso várias vezes, com convicção, até se sentir em paz.

Não viva mais como a criança rejeitada, a pessoa fracassada, injustiçada, falida, enganada, traída, roubada, doente e caluniada! Lembre-se: tudo isso aconteceu ontem, e você está vivo hoje! E, se aconteceu, tome essas experiências à maneira do esterco que fertiliza a terra para que ela se torne mais produtiva. Pessoas felizes têm cicatrizes, não feridas abertas!

Suas lágrimas de ontem irrigam o solo da sua estrada hoje. As tempestades limparam seu caminho. Os desenganos fizeram de você uma pessoa mais sábia. Os erros mostraram o caminho do acerto. As calúnias tornaram você mais confiante em si mesmo. Os prejuízos materiais obrigaram-no a trabalhar mais e crescer. O abandono fez com que você se amasse de verdade!

Com as pedras do passado, hoje você pode construir uma linda estrada. Tudo dependerá do tempo em que você quer viver. Hoje ou ontem? Hoje é a vida. Ontem...

A melhor edição de nós mesmos

> *A vida espiritual, vida normal do Espírito, é eterna.*
> *A vida corporal, transitória e passageira, é apenas*
> *um instante na eternidade.*
> ALLAN KARDEC[15]

Estamos aqui de passagem. Nossa morada verdadeira é o mundo espiritual, porque, na essência, somos espíritos, e de lá viemos para a Terra, numa rápida excursão de aprendizado e transformação.

Somos espíritos que, temporariamente, nos utilizamos de um corpo material, enquanto permanecemos estagiando na Terra. Já existíamos antes de virmos para cá. E vamos continuar existindo depois que expirar nossa tarefa por aqui, regressando ao mundo espiritual. O que se chama de "morte"

---

15 *Introdução ao Espiritismo*, organização e notas de J. Herculano Pires, Editora Paideia.

é apenas o término da vida biológica, o término de um ciclo na vida terrena. Somos imortais, e nosso destino é o de nos tornarmos espíritos de luz, projeto que vai se construindo paulatinamente, através de sucessivas reencarnações.

Por essa razão, nada justifica dizer que perdemos um afeto querido quando ele volta para a sua morada espiritual. Nós não o perdemos, pois ele continua vivo em outra dimensão. Houve apenas uma separação temporária, não uma despedida para o "nunca mais". É um "até breve", pois, um dia, também nós regressaremos àquelas muitas moradas existentes na casa do Pai, como esclareceu Jesus, e estaremos juntos outra vez, para novas experiências, tarefas e aprendizados. A vida não para! A morte não existe. O que temos são apenas momentos em que um ciclo deve ser encerrado para um balanço geral evolutivo, a fim de que novas etapas possam ser programadas.

Tivemos necessidade de vir para este mundo mais materializado, mais denso, imperfeito, inacabado, para adquirirmos experiências que promovam a nossa evolução. Precisamos encontrar adversidades para acordar as nossas potencialidades! Fomos criados por Deus com talentos ainda dormentes e que vão sendo despertados à medida que enfrentamos os obstáculos do mundo material. É por isso que a revolta, a rebeldia, a ociosidade, a indolência e o medo em nada colaboram para o nosso adiantamento. Já o otimismo, o trabalho, a coragem, a fé, a perseverança, a disciplina e o amor são grandes trampolins do nosso progresso.

E por que progredir? Não poderíamos ficar como estamos? Quanto mais o espírito se aprimora, superando as adversidades da vida material e adquirindo virtudes, mais ele se adianta na evolução, amadurece e se autogoverna, tornando-se feliz por isso. Quanto mais ele enjeita as oportunidades de progresso que a vida na matéria lhe propicia através do trabalho e do engrandecimento pessoal, tornando-se prisioneiro da sua própria omissão ou maldade, mais ele se atrasa na evolução, distanciando-se da felicidade.

Diante desse quadro, convém que cada um medite sobre o próprio aproveitamento da experiência que está tendo nesta vida. Sempre lembrando que nossa trajetória por aqui é passageira, que todos temos um bilhete de volta numerado, mas ninguém sabe qual será o próximo número a ser chamado. Não temos tempo a perder! Pesemos na balança o que convém levar na nossa bagagem de volta. Não vamos regressar com as malas vazias e com as contas não pagas, como diria o Mario Quintana![16] Bom é voltar com um passaporte carimbado de coração leve, paz interior, sorriso no rosto e uma nova versão de nós mesmos, revista, atualizada e melhorada!

---

16 http://pensador.uol.com.br/frase/MTE4NjQ1/ - acesso em 06/08/2016.

Acenda suas velas

*É melhor acender uma vela do que
amaldiçoar a escuridão.*
CONFÚCIO[17]

Na hora da tempestade, o melhor a fazer é abrir o guarda-chuva. Quando fizer frio, agasalhe-se. No calor, refresque-se. Na escuridão, acenda uma luz.

Quando a dificuldade bater à nossa porta, façamos o mesmo, isto é, tenhamos atitudes que nos levem à solução do problema, e não ao seu agravamento. Amaldiçoar o obstáculo nos tira do caminho das soluções. Exasperar-se, praguejar ou revoltar-se são reações que tornarão o problema maior do que é. Esses estados explosivos nos tiram do controle da situação, perdemos o bom-senso, a capacidade de raciocínio fica afetada, e, por consequência, a chance de tomar-

---
17 *Provérbios de Confúcio*, seleção e edição de William Castro, Editora 101 Seleções.

mos uma atitude equivocada é muito grande. E isso quer dizer: problema agravado!

No final das contas, ficamos com os nervos em frangalhos, esgotados mentalmente, com dores pelo corpo, insônia, mau humor, irritação, pressão arterial elevada e problemas de coluna. Bombardeados pelo excesso de adrenalina e envoltos por energias negativas atraídas por nossa exasperação, nos tornamos uma verdadeira "panela de pressão", prestes a explodir a qualquer momento e, o pior de tudo, sem forças para resolvermos o problema que ainda está conosco!

Por isso, diante de qualquer dificuldade, sobretudo daquela que nos surge inesperadamente, o melhor a fazer é acender uma luz, vale dizer, adotar comportamentos que nos ajudem a clarear a situação, enxergando o problema na sua exata dimensão e iluminando nossos pensamentos para as soluções possíveis, agindo com lucidez na mente, serenidade no espírito e a certeza de que, por vezes, são situações assim que nos levam a procurar a vela para alumiar a escuridão em que nos encontramos. Toda dor tem um propósito regenerador!

Em sã consciência, ninguém consegue brigar contra a escuridão, porque, se a escuridão é ausência de luz, a única estratégia possível para vencê-la é iluminar o nosso caminho. Eis algumas "velas" que podemos acender quando a escuridão chegar: fiquemos um pouco em silêncio, refletindo no aprendizado para o qual a vida está nos chamando; procuremos nos acalmar, sabendo que para tudo há jeito; façamos uma prece; conversemos com um amigo; abramos um livro de orientações espirituais; ouçamos uma canção que nos inspire coisas boas;

procuremos ajuda de um profissional especializado; busquemos socorro e orientação no templo da nossa fé; caminhemos num parque, absorvendo as energias da natureza, que ali se encontram em abundância.

Ajuda muito, também, nos lembrarmos das coisas pelas quais devemos ser gratos. Nossa vida não pode se tornar num canteiro de queixas e azedume! Vamos nos recordar de quantas coisas boas já nos aconteceram e ainda continuam nos felicitando todos os dias! A gratidão é um grande farol a dissipar a escuridão dos maus momentos.

E continuemos trabalhando e confiando em Deus. O mesmo Pai que ontem nos sustentou em dificuldades, talvez até maiores, haverá de nos sustentar hoje, outra vez, se nos dispusermos a acender as nossas velas!

Hora de sair da caverna

O sucesso e a felicidade não dependem de fazer somente o que se gosta, mas também de saber lidar com aquilo de que não se gosta.

IÇAMI TIBA[18]

Qualquer pessoa que almeje o sucesso, nos mais diversos níveis da sua vida, precisa compreender uma verdade básica: para comer a carne, é preciso aprender a roer o osso!

Esteja certo de uma coisa: para fazer algo de que gosta, você vai ter que aprender a fazer muita coisa de que não gosta! Se não estiver disposto a esse aprendizado, fatalmente, você não atingirá o sucesso. Um professor que, por exemplo, ame estar na sala de aula, mas que se omita em preparar a matéria a ser ministrada e corrigir provas, porque não gosta dessas atividades, dificilmente será um bom professor. Um atleta olímpico

---

18   Içami Tiba, *Frases*, Integrare Editora.

começa a sua preparação muitos meses antes da Olimpíada, com treinos diários de longa duração, com uma dieta rigorosa e uma rotina sem baladas e bebidas alcoólicas.

O sucesso, via de regra, vem embalado num "kit". Dentro dele estão as coisas que você ama fazer, coisas que lhe dão muito prazer, mas, dentro dele, também estão aquelas outras coisas de que você provavelmente não gosta e que não lhe dão satisfação. Não dá para tirar essas últimas e só deixar as primeiras. Aí, não seria sucesso! Porque, para se atingir o topo de uma montanha, é preciso fazer a escalada, fruto de um esforço nada agradável. Mas chegar ao topo compensa o sacrifício! E chegar ao ápice da montanha de helicóptero nos tiraria o gosto da conquista, pois o mérito surge exatamente da nossa capacidade de vencer a adversidade, de fazer o que muitas pessoas não fazem, por desejarem somente o que lhes dá satisfação.

Uma pessoa de sucesso é aquela que enfrentou todos os desconfortos, contratempos e sacrifícios para atingir a sua meta. Uma pessoa feliz aprendeu a lidar com uma enormidade de pequenas frustrações, a conviver com pessoas difíceis, a suportar as pressões naturais do dia a dia, em que se espera o melhor de nós, não deixando que a felicidade fosse roubada pelos inevitáveis espinhos da vida. Por isso, é preciso tomar muito cuidado com a nossa tendência instintiva de viver escondido nas cavernas, sem esforço, trabalho e necessidade de uma boa convivência social.

Cuidado com esse homem primitivo que ainda habita o nosso mundo interior! Ele só gosta de se mexer quando está com fome ou quando está em perigo! Pode ser uma vida folgada, mas é uma vida empobrecida de experiências maravilhosas, que todos poderemos ter. E, para isso, precisamos fazer algumas coisas de que não gostamos. É preciso ser prático nessas horas: faça o que precisa ser feito! Não espere a vontade chegar, pois o homem das cavernas, provavelmente, não vai querer sair da estagnação. Não dê ouvidos a ele, pois, do contrário, você perderá muitas coisas boas em sua vida!

Com uma dose diária de boa vontade, aprenderemos a lidar com aquelas coisinhas que não nos dão uma satisfação imediata, mas que, uma vez feitas, nos levarão a saborear as grandes conquistas!

Vaso sagrado

Para aperfeiçoar o casamento e torná-lo mais feliz, nossos legisladores criaram o casamento com separação de bens. Mas falta ainda um passo para que a felicidade dos cônjuges seja completa: a criação do casamento com separação de males.

RUBEM ALVES[19]

O objetivo primordial de uma união afetiva é que ela se torne uma fonte rica de coisas boas entre as pessoas que decidiram por uma vida em comum.

Amizade, cumplicidade, companheirismo, carinho, diálogo, atenção, respeito, admiração e bom humor formam a base de uma união prazerosa. Ainda que, por vezes, surjam naturais desentendimentos e conflitos, a base é capaz de fazer com que essas dificuldades sejam diluídas no mar dos sentimentos bons que cada um tem pelo outro. Como diz Martha Medei-

---

19 *Pensamentos que penso quando não estou pensando*, Papirus.

ros: "O que de fato alicerça um relacionamento são as afinidades (não podem ser raras), as visões de mundo (não podem ser radicalmente opostas), a cumplicidade (o entendimento tem que ser quase telepático), a parceria (dois solitários não formam um casal), a alegria do compartilhamento (um não pode ser o inferno do outro), a admiração mútua (críticas não podem ser mais frequentes que elogios) e, principalmente, a amizade (sem boas conversas não há futuro). Compatibilidade plena é delírio, não existe, mas o amor requer ao menos uns 65% de consistência, senão o castelo vem abaixo."[20]

Eu não sei de onde a Martha tirou os "65%", mas o bom-senso indica que a medida é boa e é humanamente possível alcançá-la, desde que o egoísmo de cada um não torne as inconsistências maiores do que as consistências. Isso ocorre quando as cobranças, acusações, indiferença pelo outro, espírito de competição, falta de conversa e carinho, desrespeito, frieza e mau humor se tornam frequentes, e a massa do bolo desanda, não cresce, fica murcha, porque, ao invés de sermos uma coisa boa um para o outro, acabamos nos tornando um mal, um fardo. Quando a fonte da relação seca ou se torna um mar de lama, é preciso repensar os caminhos a tomar.

É comum se dizer que o amor é como a flor, precisa de cuidado, senão morre. Para que o casamento dê certo, precisamos evitar que os nossos males se derramem sobre o outro. Comumente, projetamos sobre o parceiro as nossas frustrações e complexos de inferioridade. Sentimo-nos diminuídos por alguma ocorrência, e, inconscientemente, acabamos diminuindo o valor daquele que outrora conquistamos

---

20   http://www.recantodasletras.com.br/cronicas/3886466 - acesso em 02/07/2016.

enaltecendo as suas qualidades. Estamos com a autoestima no fundo do poço e nos achamos no direito de despejar no outro todo o nosso mau humor e azedume, como se o companheiro fosse um vaso sanitário das nossas mazelas. Não! O companheiro deve ser o vaso mais sagrado do nosso afeto!

Repensemos as condutas que temos tido. Enquanto há tempo, vamos aceitar a proposta de fazermos um casamento com separação de males! Lembremos que conquistamos nosso parceiro com a promessa de sermos um bem na vida dele, um grande bem. E foi por isso que ele decidiu ficar conosco.

Consciência e transformação

Todo dia é tempo de renovar o destino.
EMMANUEL[21]

Destino não é algo imutável.
Não é um jogo de cartas marcadas. É mera consequência de nossas atitudes do presente e do passado, isto é, desta existência e de existências anteriores que já tivemos em nossa caminhada espiritual ao longo dos séculos. Nossa idade biológica não reflete nossa idade espiritual. Somos mais velhos do que pensamos. A criança que acaba de nascer é um espírito que já teve muitas experiências. Estamos caminhando pela eternidade há muito tempo. Informações espirituais nos dão conta de que o espírito humano lida com a razão há, preci-

---
21 *Leis de Amor*, psicografia de Francisco Cândido Xavier, Edições FEESP.

samente, quarenta mil anos.[22] Quantas vidas já tivemos nesse período? Certamente, muitas!

A Lei de Evolução é a regra mestra que rege nossas andanças pelas estradas do universo. E uma de suas técnicas é fazer com que cada um de nós experimente o resultado de suas escolhas. O objetivo é criar consciência e responsabilidade a respeito das atitudes que tomamos na vida. Por isso, tudo aquilo que lançamos ao mundo através de palavras, pensamentos e atitudes retorna, inevitavelmente, a nós mesmos. É a chamada "lei do retorno" ou "lei de causa e efeito". Seu objetivo não é punir a criatura, mas torná-la consciente das suas atitudes, experimentando o sabor do doce ou do amargo resultante de suas opções.

A partir dessa experimentação, o ser humano deve reflexionar sobre suas atitudes, corrigindo, em si mesmo, prováveis desvios de rota. Se hoje o nosso passado repercute negativamente no presente, isso não quer dizer que fomos condenados por sentença irrecorrível. O objetivo da vida é transcender, jamais estagnar. Comumente, nossos maiores problemas na vida estão nas áreas das nossas imperfeições. Então, o obstáculo é o convite de Deus para que cada um se aprimore naquilo em que ainda não é bom, amadureça nas áreas em que ainda age de modo infantil, fortaleça-se nos pontos fracos, aja de modo mais amoroso e menos egoísta, seja mais responsável por si e menos dependente dos outros.

Tudo isso neutralizará o efeito das nossas atitudes negativas do passado, com a prática de atitudes positivas no pre-

---

22 *Libertação*, pelo Espírito André Luiz, psicografia de Francisco Cândido Xavier, FEB.

sente. Sofrer por sofrer não modifica a nossa vida. É preciso criar a consciência dos nossos descaminhos, revisar nossos passos, reparar o mal praticado, tomar as rédeas da vida e caminhar pela estrada do bem. Essa passagem do mal para o bem, ainda que gradativa, é a única capaz de modificar o nosso destino.

Deus não quer nossas lágrimas de sofrimento! Deus quer o suor da nossa transformação para o bem, através da caridade. Não falo apenas da esmola. Falo também, e principalmente, da caridade do bom olhar, da caridade da boa palavra, da caridade de ouvir o desabafo de um desesperado. Falo da caridade do esquecimento das ofensas, do socorro àquele que passa pela provação, da caridade da paciência e da compreensão para com as pessoas que nos são difíceis.

E também não me esqueço da caridade para comigo mesmo, que me estimula a cuidar de mim com todo o amor que mereço. Enxergar-me com bons olhos, tratar-me gentilmente, estimular-me positivamente para o enfrentamento de uma vida cada vez mais cheia de desafios. Isso é também caridade, que não pode ser esquecida, pois, do contrário, terei que viver da caridade dos outros.

A caridade é o movimento do amor que transforma a nossa vida a partir da mudança de energia que a prática do bem acarreta. Cada gesto de caridade é uma luz que acendemos em nosso passado escuro, projetando dias mais felizes em nosso caminho. Portanto, nosso destino pode começar a se modificar agora mesmo. Basta saber se, no lugar da inércia, a caridade será nossa conselheira, amiga e companheira de todas as horas!

A outra margem

Algumas vezes, temos de ser o barqueiro, alguém que mostre às pessoas que há uma outra margem e que é possível chegar lá. Abandonar o sofrimento, o papel de vítima e se libertar para viver apreciando a vida.

MONJA COEN[23]

Chega sempre um momento em nossa vida em que é preciso abandonar o sofrimento.

Quando a tempestade de problemas desaba sobre nós, sentimos que o vendaval desorganizou nossa vida de tal maneira, que nos sentimos perdidos, desamparados. A morte de uma pessoa querida, o rompimento de uma relação afetiva, a derrocada nos negócios, a despedida no emprego, a enfermidade que nos preocupa, o filho desorientado, tudo isso nos abala sensivelmente. E não poderia ser diferente.

---
23 *A sabedoria da transformação, reflexões e experiências*, Academia.

Como canta o Milton Nascimento numa famosa canção, "forte eu sou, mas não tem jeito, hoje tenho que chorar".[24]

Chorar é um dos sentimentos mais humanos que conheço, porque é a dor da alma que se materializa numa lágrima. Essa lágrima pode ter o nome de tristeza, saudade, arrependimento, medo, frustração, alegria e amor. Jesus também derramou lágrimas quando recebeu a notícia de que seu amigo Lázaro estaria morto. Chorar é bom, alivia a alma, evita o transbordamento do rio de nossas emoções, muitas vezes represadas, as quais podem gerar muitos estragos nas margens da nossa existência. Quem chora deixa o rio seguir o seu curso, assim como é a existência: um rio que deve correr até o seu destino, contornando as pedras da vida.

Mas, quando a nossa dor já tiver sido diluída nas águas do rio, é chegado o tempo de abandonar o sofrimento. É o tempo em que devemos ir para a outra margem. E, nessa travessia, precisamos nos desvencilhar do papel da vítima que, inconscientemente, continua querendo sofrer a dor de suas perdas. A dor da lágrima é inevitável, mas o sofrimento é o apego à dor, não permitindo que a vida siga o seu curso ao encontro de novas experiências. A vítima se faz impotente, e, por consequência, não age, não se mexe, não quer fazer a travessia para a outra margem, não deseja ver que, a despeito do que lhe aconteceu, há coisas agradáveis e belas à espera de seus olhos. Talvez ela, inconscientemente, goste de ficar chorando na margem do sofrimento – quem sabe alguém tenha pena dela...

A vítima se alimenta da pena dos outros!

---

24   Música "Travessia", composição de Milton Nascimento e Fernando Brant.

Abandonar o sofrimento é deixar o papel de vítima, aceitando que a vida é imperfeita, que nem sempre a felicidade nos fará companhia, que dias tristes também fazem parte do nosso roteiro, mas que, nem por isso, a vida deixa de ser boa e bonita de ser vivida. Quando abrirmos mão do sofrimento, daquele sofrimento inútil, que não remenda os estragos já ocorridos, deixaremos de ser a vítima e passaremos a ser o herói. E um herói se forja com luta, perseverança, coragem, flexibilidade, aceitação da realidade, esforço e uma incrível vontade de viver, apesar de todas as suas dores e fracassos. Herói também chora, apanha, luta e sofre, mas o que caracteriza o verdadeiro herói é a sua capacidade de ir para a outra margem do rio. O herói sabe que o tempo de chorar é apenas o tempo de descansar a alma para o que a vida ainda lhe reserva adiante.

Quando você chegar ao fim da vida e se olhar no espelho, o que você desejaria ver? Uma vítima ou um herói? Vamos, então, para a outra margem? Há coisas lindas nos aguardando!

Claramente vivos

Não olvides que além da morte continua vivendo e lutando o espírito amado que partiu. Tuas lágrimas são gotas de fel em sua taça de esperança. Tuas aflições são espinhos a se lhe implantarem no coração.

EMMANUEL[25]

A morte é apenas uma passagem para a vida no mais além. A morte não é o fim, é apenas um portal que leva o espírito para outras dimensões do universo. Impossível que a pessoa que você tanto amou nesta vida esteja morta! Ela continua viva, apenas habita o mundo dos espíritos, de onde viemos e para onde regressaremos.

Deus, que é amor e que nos criou por amor e para o amor, não teria o capricho de pedir que as pessoas se amassem para, depois, sarcasticamente, fazê-las desaparecer para sempre, para o nada, como se nunca tivessem existido. Eu não creio

---

25 *Paz e Libertação*, psicografia de Francisco Cândido Xavier, CEU Editora.

nesse deus desumano e cruel! Creio no Deus que nos ensinou a amar de forma tão grandiosa, que esse amor se tornasse eterno, que superasse as barreiras do tempo, lugar, forma, e durasse pelo infinito.

Por isso, além da morte física, nossos amores continuam vivos, habitando uma das infinitas moradas existentes na casa do Pai, conforme afirmou Jesus. Eles nos sentem, porque os laços de afeto que construímos não se rompem com a morte do corpo. O amor é mais forte do que a morte! Não os tratemos como mortos, como se não participassem mais da nossa vida. Eles nos percebem, nos acompanham, torcem pelo nosso sucesso, oram por nós e precisam também do nosso ânimo, do nosso riso, das nossas conversas e das nossas preces.

Podemos chorar de saudade – eles vão se emocionar. Mas não choremos o desespero – eles vão sofrer. Podemos até nos entristecer por não os vermos ao nosso lado – eles entenderão. Mas não façamos da nossa vida uma tristeza contínua. Eles ficarão mais tristes ainda!

Mesmo com a saudade e o leve aperto no coração, prossigamos a nossa vida, cumprindo as nossas tarefas e obrigações, pois o mais leve sinal de que perdemos o rumo da nossa existência pela falta que eles nos fazem representará para eles um fardo a mais de angústia e sofrimento. Se os amamos de fato, não temos o direito de afligi-los e perturbá-los na vida que também segue para eles, porque, em síntese, a morte é a grande mensageira da renovação para todos nós.

E, se perceberem, também, que o tempo que teríamos ao lado deles foi transformado em dedicação aos que mais sofrem, uma ponte de luz se estabelecerá entre nós e eles, pois sentirão que o amor que nos uniu um dia, hoje, está alimentando outras vidas. Muitos jovens que desencarnam somente encontram paz no mundo espiritual quando veem os pais destinando o tempo que teriam ao lado deles no auxílio a jovens ou crianças que, aqui na Terra, se encontram em situação de carência e abandono.

Quando a saudade se veste de caridade, o amor cura a angústia da separação, seja para nós que ficamos, seja para os que partiram. O grão tem que morrer para germinar e dar novos frutos. Eis o ciclo da vida: o grão que morre e se transforma em pão para saciar a fome de muitos.

Meu amigo espiritual

Pensar que se tem sempre perto de si seres superiores, sempre prontos para aconselhar, sustentar, ajudar a escalar a áspera montanha do bem, que são amigos mais seguros e devotados que as mais íntimas ligações que se possa ter na Terra, não é uma ideia bem consoladora?

O Livro dos Espíritos[26]

Deus colocou ao lado de cada um de nós um amigo espiritual, conhecido por muitos como "anjo da guarda", que nada mais é do que um espírito superior, incumbido de nos proteger durante a nossa vida na Terra. É uma demonstração maravilhosa do quanto Deus ama cada um de nós, pois ordena que um espírito de luz nos guarde desde o nascimento até a morte, e, muitas vezes, nos siga na vida espiritual.

Mas é bom compreender de que forma ele nos guarda e protege. Ele não vai nos substituir nas atitudes positivas que

---

26 O *Livros dos Espíritos*, questão n. 495, Allan Kardec.

precisamos tomar. A missão do anjo guardião é a de um pai em relação ao filho. Ele se esforça para nos conduzir por bons caminhos, orienta-nos com seus conselhos, sustenta-nos a coragem no momento das dificuldades e consola-nos nas aflições. Ele está sempre nos influenciando positivamente através de modos variados. Mas a nós compete a direção que damos aos nossos pés.

Nosso amigo espiritual atua nos inspirando bons pensamentos. Transmite-nos conselhos. Envolve-nos com boas energias e, muitas vezes, se estamos convenientemente preparados através da prece, conversa diretamente conosco na hora do sono. Enquanto o corpo repousa, nosso espírito se desprende parcialmente da matéria e podemos encontrar nosso amigo espiritual e com ele travar um contato mais estreito, recebendo tudo aquilo que é preciso para o êxito da nossa missão na Terra.

É possível também que ele se manifeste indiretamente nas situações do nosso dia, enviando sinais através de pessoas, livros, encontros inesperados, mensagens, aparentes coincidências e uma série de ocorrências inusitadas, que somente a presença dele seria capaz de explicar. Esteja atento a esses sinais! Ele é um amigo invisível, mas não ausente ou inerte!

Na hora da angústia, do desespero ou das pressões que o atormentam, não procure consolo no álcool, na droga ou no pessimismo. Eles são péssimos conselheiros! Não são seus amigos! Ore e converse com seu amigo espiritual. Ele o conhece mais do que ninguém. Ele o ama com tal intensidade, que deseja o melhor para você. Escute-o.

Mas, para que tudo isso ocorra, é preciso que cultivemos essa intimidade com nosso anjo de guarda. Façamos dele um amigo, conversemos com ele diariamente sem tom solene, façamos perguntas a ele, oremos constantemente, invocando o seu amparo. Ele saberá mostrar a sua amizade de mil modos. Quem sabe ter lido este capítulo foi o primeiro sinal que ele lhe envia: lembrá-lo de que ele existe em sua vida e que você não anda só!

Franciscar

> *Irmãos meus, irmãos meus, o Senhor convidou-me a seguir a via da humildade e mostrou-me o caminho da simplicidade. Não quero que me faleis noutra regra...*
> SÃO FRANCISCO DE ASSIS[27]

Humildade e simplicidade. Esses foram os caminhos que Jesus convidou Francisco a trilhar. Caminhos que o levariam à paz, ao amor e à felicidade. Nenhuma outra estrada era preciso seguir se Francisco se tornasse humilde e simples. Ele aceitou o convite de Jesus e se tornou o santo da humildade, o santo da paz, o santo da alegria, o santo dos animais, o santo da ecologia, o santo do desapego, o santo mais popular em todo o mundo. Acredita-se, com razão, que ele é o espírito que mais se aproximou da espiritualidade de Jesus na face da Terra.

---

27 *Francisco, o irmão sempre alegre*, Frei Jorge E. Hartmann, Editora Canção Nova.

Jesus também faz esse convite a cada um de nós: "Aprendei de mim que sou manso e humilde de coração[28]. Sejam simples como as pombas..."[29] Jesus formula esse apelo porque sabe, na condição de sublime terapeuta, que o orgulho e todos os seus derivativos, como a arrogância, a prepotência, a presunção, a inveja, a agressividade e o apego, são grandes adversários da nossa paz, saúde e felicidade. Se fizermos uma análise isenta, vamos concluir que esses sentimentos negativos estão na raiz da maioria dos nossos problemas. Precisamos pensar seriamente nisso!

Somos orgulhosos porque criamos a ilusão de sermos superiores aos outros, e nos tornamos soberbos, arrogantes, personalistas, excessivamente vaidosos. No fundo, não aceitamos quem somos de fato, não aceitamos que, convivendo com as nossas potências, temos, também, as nossas fraquezas, imperfeições e vulnerabilidades. O sentimento de orgulho nos faz criar uma "segunda personalidade", desconectada do nosso "eu" verdadeiro. Essa autodesconexão não deixa de ser uma doença psíquica capaz de gerar muitos dissabores em nossa vida.

Por isso, o orgulho nos faz usar muitas máscaras, dissimulações para manter as aparências da nossa imagem superdimensionada. Como se a condição humana de ainda não termos todas as virtudes nos colocasse em posição de inferioridade perante os outros e perante o próprio Deus.

Temos medo de ser realmente quem somos. Mas, somente sendo o que somos, poderemos viver em paz e caminhar para

---

28 Mateus: 11, 29.
29 Mateus: 10, 16.

o melhor que ainda poderemos ser, dentro do processo de evolução do ser humano.

Como sofremos com o orgulho! A humildade nos faria tão bem, pois viveríamos conectados com o que somos e, a partir disso, ficaríamos mais em paz conosco, mais em paz com as pessoas, mais em paz com a vida. A gente se amaria de verdade!

Para se chegar à humildade, Buda costumava aconselhar as pessoas a olharem todos os dias para o chão e para o céu. Olhando para o chão e identificando as formigas e os insetos, as pessoas veriam como elas são grandiosas. Mas, logo em seguida, Buda pedia que elas se voltassem para o céu e, olhando o sol, as estrelas, constatassem como são pequenas, quase insignificantes, diante da grandeza do universo. É um bom exercício para nós!

A simplicidade também é poderoso remédio. Faz com que descompliquemos a vida, exigindo menos para ser feliz, aprendendo a nos contentar com as pequenas felicidades do cotidiano. Com a simplicidade, a convivência com as pessoas se tornaria bem mais fácil, natural, espontânea, leve e descomplicada. Isso porque nos tornaríamos pessoas menos exigentes, menos perfeccionistas e menos cobradoras.

Não seria por isso que a humildade e a simplicidade tornaram São Francisco um ser tão admirado em todo o mundo? Será que a gente não poderia também "franciscar"?

Você tem fome de quê?

O Buda disse que nada consegue sobreviver sem que seja alimentado. Nossa alegria não pode sobreviver sem alimento, e o mesmo é verdade em relação à nossa tristeza e ao nosso desespero.

THICH NHAT HANH[30]

Todo pensamento e sentimento que você alimentar crescerão em sua vida, sejam eles positivos ou negativos. Nada surge do nada. Se você quer alegria, precisa cultivá-la diariamente, procurando ver a alegria escondida nas coisas, falando dela, sentindo-a e intensificando-a quando ela estiver passando por você. Mas, se você preferir a companhia da tristeza, cultivando-a indefinidamente, procurando a companhia dos tristes, das histórias melancólicas, certamente, sua tristeza aumentará a cada dia.

Quando alguma ocorrência desagradável nos acontece, embora seja natural que nos sintamos desconfortáveis

---

30 *Sinta-se livre onde você estiver*, Sextante.

emocionalmente, se ficarmos ruminando as emoções negativas que o episódio nos trouxe, cultivando a desarmonia, inevitavelmente, nosso mal-estar se agravará e problemas ainda maiores poderão nos acontecer, tais como discussões, violências, acidentes e doenças.

Se você deseja se ver livre dessas ocorrências perturbadoras, examine que tipo de pensamentos e sentimentos vem alimentando. Se você, por exemplo, alimentar o ódio, ele cresce. E, com ele crescido, como você pensa que vai ficar, como vai se sentir, o que pensa que irá fazer? Boas coisas? Certamente, não! Você agirá com um ódio agravado, e isso não trará coisas boas para sua vida. Faça o mesmo raciocínio com a mágoa, a tristeza, a culpa, a revolta e o negativismo, e veja como o cultivo dessas emoções afeta a sua felicidade.

Identifique a emoção negativa que o envolveu e pare imediatamente de alimentá-la. Deixe-a morrer de fome! Diga para si mesmo: "eu não vou mais me alimentar dessa comida estragada! Isso me faz mal!" Seja enérgico, seja firme, afastando-se daquilo que o intoxica. Governe a sua vida! Faça um controle de qualidade dos pensamentos e emoções que ficarão com você, lembrando sempre que o destino é moldado por aquilo que se passa em sua vida interior. Para ser feliz, você precisa mandar embora toda a infelicidade que entrou em sua vida e à qual você, de alguma forma, está dando corda.

Procure o cultivo das coisas que lhe fazem bem. Pelo mesmo princípio, elas também crescerão em seu caminho se você alimentá-las. Chega de alimentos envenenados, de comida estragada. Hora de deixar você em forma com comida vitaminada! Abra seu apetite para a felicidade!

Paz de espírito

Quando a mente está tranquila, energias internas despertam e fazem milagres para nós – sem nenhum esforço consciente da nossa parte.

Dr. Deepak Chopra[31]

É imprescindível encontrarmos paz de espírito.

Ela não nasce da inércia, da isenção de lutas, mas emerge de uma consciência tranquila, que reconhece o empenho que fazemos para viver bem com nós mesmos e com as pessoas que nos cercam, aceitando as limitações inerentes à nossa condição humana.

A paz de espírito surge da maneira como nos relacionamos com tudo à nossa volta, a partir do relacionamento que temos com nós mesmos. Precisamos acabar com as nossas guerras se quisermos ter paz na alma! Viver é ter uma grande chance de experimentar atritos constantes. Portanto, a serenidade inte-

---

31 *O Caminho da Cura, despertando a sabedoria interior*, Rocco.

rior somente é possível quando aprendemos a neutralizar ou, pelo menos, minimizar os desgastes surgidos dos inevitáveis embates, frustrações, contrariedades e decepções que, como agentes ativos ou passivos, experimentamos em nossos relacionamentos. Sem esse esforço diário de aprender a apagar incêndios, viveremos num inferno interior de insatisfação crônica e discórdias permanentes.

Ajuda muito quando praticamos a proposta dos filósofos do estoicismo: "Lamentar um pouco menos, esperar um pouco menos, amar um pouco mais." Isso faz diminuir muitas tensões e atritos, pois, como afirma o filósofo Luc Ferry, a vida boa é a vida reconciliada com o que é, a existência que aceita o mundo tal como é.[32]

Certamente por isso Jesus recomendou que nos reconciliássemos com nossos adversários, pois, na reconciliação, está implícita a ideia de aceitação. Aceitação de que a vida é imperfeita, incompleta e inacabada. Aceitação de que as pessoas têm as suas limitações e incoerências, assim como nós mesmos. E, diante desse quadro de insuficiências, pararemos de brigar com a incompletude da vida, de nós mesmos e das pessoas, fazendo as pazes com a nossa existência, tirando dela o que ela tem de melhor, sem esperar que esse melhor seja a perfeição. Somente a reconciliação com a vida é capaz de trazer paz interior. Lamentar menos, esperar menos.

Mas é preciso também amar um pouco mais. O amor que une o que está partido, o amor que cola os pedaços do vaso quebrado, o amor que enxerga beleza na diferença, o amor que se aproxima do que está distante e o amor que não espe-

---

[32] *Aprender a viver, filosofia para os novos tempos*, Objetiva.

ra a perfeição para amar. Somente esse amor que nos reconcilia com tudo é capaz de trazer paz ao espírito, pondo fim aos nossos conflitos. É o término de uma guerra de anos que estávamos travando dentro de nós mesmos, cuja batalha perderíamos pagando com o preço da própria existência.

Ao suave toque do amor, tudo fica em paz!

Sem pecado

Tire da mente a ideia de pecado e castigo. O que chamam de pecado é o erro, e o erro pode e deve ser corrigido. Corrija-se. Estabeleça pouco a pouco o controle de si mesmo, com paciência e confiança em si mesmo.

J. Herculano Pires[33]

Pecado e castigo: dois conceitos que, embora disseminados no meio religioso, paradoxalmente, nos afastam de Deus e enfraquecem a nossa religiosidade. No conceito de pecado está implícita a ideia de um julgamento divino. O mesmo Deus que pede para que não julguemos é o mais temido julgador. Uma incoerência teológica! O mesmo Deus que nos conclama a amar os nossos inimigos, a perdoá-los, a ter misericórdia, nos pune com castigos. Outra incoerência, que vem nos incomodando há séculos!

---

33 *Obsessão, o Passe, a Doutrinação*, Paideia.

Deus não é um contabilista, não usa planilha para anotar nossos débitos e créditos. Penso que Ele não sabe fazer conta de menos, porque aquele que ama só sabe somar e multiplicar.

Jesus reformula esses antigos conceitos ao nos apresentar Deus como um pai amoroso, que não julga, nem castiga. Apenas, ama, educa, promove, orienta, corrige e eleva. Um Deus que restaura as forças de quem está alquebrado pelo sofrimento. Um Deus que mostra caminhos a quem está perdido. Um Deus sabedor de que não há maldade no homem, apenas ignorância. Um Deus que tem um projeto de amor para seus filhos, um projeto que está sendo construído na eternidade, através das experiências do erro e do acerto.

Errar é humano, afirmativa até banal, embora esquecida por muitos, e Deus não fica zangado quando seus filhos, no caminho do aprendizado, se enganam pelas mais variadas razões, sobretudo pela fragilidade que ainda nos caracteriza. Somos mais ignorantes do que propriamente maldosos. É preciso desconstruir a ideia de que Deus nos castiga pelos nossos pecados. Deus tem coisas mais importantes a fazer do que ficar vigiando e punindo a sua própria criação! Ele sabe muito bem o que fez, sabe que a sua obra é boa, e, portanto, sabe que não somos os nossos erros, eles não nos definem.

Quanto aos nossos equívocos, tenhamos a humildade de reconhecê-los, mas não para cairmos em culpa. Eles fazem parte do nosso processo natural de crescimento. Tanto é assim que Deus nos deu infinitas existências, até chegarmos ao ponto em que, amadurecidos espiritualmente, o erro estará longe das nossas atitudes. Para isso, sem que sejamos excessivamente indulgentes ou radicalmente rigorosos com nossos equívocos, vamos, pacientemente, aprender com nossos tropeços, reformulando atitudes.

E, quando olharmos para o nosso passado e percebermos que a culpa nos está aprisionando, procuremos seguir essa orientação espiritual de Panache Desai: "Tudo o que você pode fazer é encarar aquela versão mais jovem e menos evoluída de si com compaixão e equanimidade. Afinal, neste momento – hoje – você faria as coisas de forma diferente se pudesse. Portanto, dê um abraço em si mesmo. E desapegue. Está tudo bem. Você pode seguir em frente."[34]

---

34 *A identidade da alma*, Sextante.

Urgência de amar

O único amor que podemos utilizar é o que vivenciamos no presente. É muito tarde para ontem e muito cedo para amanhã. As ofertas e as demonstrações de amor não podem esperar por nossa conveniência.

LEO BUSCAGLIA[35]

Eu realizava uma palestra falando sobre a importância de não adiarmos a demonstração do nosso amor para depois, porque amor adiado não é amor. Ele se torna amor apenas quando é manifestado. Eu dizia que o único tempo que temos para fazer isso é hoje. O amor que não foi dado ontem deixou o nosso dia vazio, como vazio também ficou o da pessoa a quem poderíamos ter dado os sinais do nosso afeto. Eu também não posso amar amanhã, pois ninguém vive no amanhã, e nem sabemos se, amanhã, estaremos por aqui.

---

35 *Nascidos para amar, reflexões sobre o amor*, Nova Era.

Ao término da palestra, uma senhora da plateia me procurou, dizendo que havia se sentido tocada pelo tema, e narrou, emocionada, que tinha uma irmã a quem amava muito, mas de quem tinha se afastado havia dez anos, depois de uma pequena discussão. Então, eu disse que era hora de acabar com aquela espera, que o perdão fosse o presente que as aproximasse. Falei que o perdão era uma das mais lindas formas de manifestar o nosso amor! Ela me ouviu, abaixou a cabeça, me deu um abraço e se despediu. Fiquei sem saber que atitude ela tomaria, mas, intimamente, torci para que o amor entre elas não morresse de espera.

Seis meses depois, já não me recordando mais do ocorrido, recebi um *e-mail*. Era a senhora que havia me procurado na palestra. Contou-me que, no dia seguinte ao nosso encontro, ela decidiu ir visitar a irmã, que morava em outra cidade, próxima da sua. Foi sem avisar. Chegou. A casa estava do mesmo jeito. Tocou a campainha, sentindo um misto de sensações conflitantes. Ao mesmo tempo em que temia não ser bem recebida, sentia uma alegria de estar ali.

Para sua surpresa, a própria irmã foi quem atendeu à porta. As duas se olharam demoradamente, mas havia um brilho em seus olhares, uma saudade que explodiu num abraço apertado, num choro arrependido. O amor, simples como é, havia voltado àquelas vidas! Nem foi preciso que as duas se desculpassem pelo ocorrido. O simples reencontro fez desaparecer qualquer tipo de ressentimento.

Elas se reencontraram outra vez, a irmã retribuiu a visita um mês depois. Passaram o dia juntas, visitaram a casa de infância, relembraram as brincadeiras de criança, reviraram o álbum de fotografias da família, recordaram momentos felizes, deram boas risadas.

E aquele foi o último encontro, porque, ao voltar para casa, a irmã dormiu e não acordou mais...[36]

---

36 Sugerimos a leitura do próximo capítulo (nota do autor).

A oração que cura

Fulano se curou pelo poder da oração – pela oração, sim, mas quando essa oração está unida ao jugo leve, ao perdão, ao amor; se nós fizermos assim, a nossa oração é curativa, está baseada na lei de amor, no jugo leve.

CHICO XAVIER[37]

Muitas vezes, a oração pode nos curar, desde que o nosso coração vibre na frequência do perdão e do amor. A prece que ajuda é aquela que sai do coração, e não dos lábios. A prece capaz de curar é aquela que vem seguida de atitudes que geram a harmonia, que cicatrizam feridas, que tiram o peso do nosso coração.

De nenhuma valia é a oração feita com o coração ferido pelo rancor, trancado pelo ódio, envolto em culpa e desamor por si mesmo. Tais sentimentos nos fecham aos canais da cura, por nos deixarem com as energias pesadas demais, sem

---

37 *Chico Xavier, à sombra do Abacateiro*, Carlos A. Baccelli, Ideal.

um ponto de contato com as forças divinas. Por isso, Jesus fala que seu fardo é leve e seu jugo é suave, isto é, seus ensinamentos de amor e perdão, uma vez seguidos, deixam nossa alma leve e em paz. E, quando isso acontece, nossas energias conseguem sintonizar as bênçãos da cura que vertem do coração de Deus.

Estamos imersos no oceano do amor do Pai. Porém, no mais das vezes, vivemos encapsulados por tantos sentimentos negativos, que ficamos impermeáveis às bênçãos divinas. Não basta estarmos orando de joelhos. É preciso que o nosso coração esteja batendo no compasso do amor de Deus. Essa sintonia é que favorece a cura!

Na história narrada no capítulo anterior (se ainda não o leu, faça isso agora, e, depois, retome este capítulo), havia um detalhe que não contei. A irmã que me procurou após a palestra me confidenciou na ocasião que estava em rigoroso tratamento de saúde para a cura de um câncer. Disse-me que estava desanimando, porque, apesar dos tratamentos e das orações, a doença estava progredindo. Por mais essa razão, ela decidiu procurar a irmã, pois receava não dispor de muito tempo de vida pela frente.

Depois, quando me mandou o *e-mail*, contou-me também que a reconciliação com a irmã lhe fizera muito bem. Sentiu como se um grande peso tivesse sido tirado de si, como se uma névoa densa, que a acompanhava desde a discussão que tivera com a irmã, tivesse desaparecido, como num passe de mágica. Ela me narrou que voltou a sorrir, voltou a gostar da vida, sentiu que a paz retornara ao seu coração, mesmo sentindo tristeza pela repentina partida da irmã. Ela crê que as duas ficaram em paz.

E finalizou sua mensagem me contando que, para sua surpresa e dos próprios médicos, o tratamento do câncer está surtindo melhor efeito, que o tumor, que antes avançava, agora está regredindo a cada dia, quase que por completo.

O jugo de Jesus é mesmo suave e leve! As duas irmãs foram curadas pelo perdão, uma no céu, e a outra, na Terra.

Poeira ao vento

A morte está todos os dias em meu pensamento.
PAPA FRANCISCO[38]

Ao contrário do que se imagina, pensar na morte todos os dias pode ser uma excelente estratégia para o bem viver. Não falo da morte como o fim de tudo, porque o espírito é imortal. Falo da morte no sentido de encerramento do ciclo de experiências aqui na Terra. Mesmo assim, é bom pensar nela, pois tal exercício nos ajudará a viver com mais sentido (*estou numa experiência de crescimento espiritual*), com melhor aproveitamento do tempo (*a experiência tem prazo de validade*) e com mais lucidez no momento de tomarmos decisões (*toda escolha tem consequência*).

Vivemos disfarçando que a experiência na Terra é eterna, e isso, muitas vezes, nos faz viver propensos ao excessivo apego às coisas materiais e às posições de prestígio social, ao orgu-

---
38 *Papa Francisco em suas próprias palavras*, Verus Editora.

lho, à prepotência, ao narcisismo, esquecidos de que a vida na matéria é transitória, que a morte nos desapropria de todos os bens materiais e de todos os títulos sociais, deixando conosco apenas os valores que cultivamos em nosso espírito. Por isso, muitos ricos na Terra, muitos poderosos, por vezes, chegam ao mundo espiritual na condição de absoluta miserabilidade espiritual. Foram ricos de bens materiais ou desfrutaram da riqueza intelectual, tiveram o poder político ou religioso nas mãos, porém, tornaram-se mendigos de valores espirituais, porque não investiram em amor, respeito ao próximo, humildade, alegria, sabedoria, caridade e fraternidade.

Não por outra razão, o Papa Francisco recomendou aos cardeais e bispos da Cúria Romana uma visita ao cemitério, para que se curassem do que ele chamou da "síndrome da imortalidade", pois, lá, veriam os nomes de muitos dos que se consideravam imunes e indispensáveis.[39]

Tomei a advertência do Papa para mim mesmo. Acho que todos nós poderíamos fazer essa visita que ele sugeriu aos líderes do catolicismo. É muito provável que, no cemitério, olhando para os túmulos imponentes e frios, possamos reconhecer a nossa pequenez, a nossa transitoriedade pelo mundo. É possível que não nos achemos tão importantes assim, que nosso ego comece a desinflar, que nossa vaidade esvaeça e que a sensação de sermos donos de alguma coisa estremeça. Também acredito que, andando vagarosamente pelas ruas de um cemitério, nossas mágoas e melindres se reduzam ao pó, o mesmo pó que nosso corpo material vai

---

39 https://www.youtube.com/watch?v=QMHDqa3Lwqk – acesso em 19/07/2016.

um dia se tornar, a mesma poeira em que nossa vaidade irá se transformar.

Mas creio, também, que essa dolorosa experiência da finitude nos será muito benéfica, pois sairemos mais leves, brandos e humildes de coração. Possivelmente, teremos aprendido que viver aqui na Terra é apenas uma experiência para crescer, amar um pouco mais, fazer amigos, valorizar cada minuto, cada pessoa, comemorar as vitórias e aprender com as derrotas.

Tudo o mais é pó e cinza, que o vento leva e não traz de volta.

O diamante

Somos todos criados à imagem de Deus, e Deus está dentro de cada um de nós. Nossa natureza é predominantemente amorosa, pacífica, equilibrada e harmoniosa. Somos inerentemente solidários e capazes de compaixão. Somos almas.

DR. BRIAN WEISS[40]

A Bíblia começa com uma afirmação estrondosa: Deus criou o homem à sua imagem e semelhança! De duas, uma: ou não entendemos tais palavras ou nos esquecemos delas por completo. E, no lugar de celebrarmos a nossa natureza divina (portanto, boa e amorosa), preferimos uma interpretação negativa, que acentua em nós os erros, defeitos e pecados. Essa foi, a meu ver, a verdadeira expulsão do paraíso!

Éramos filhos de um Deus de amor, e modificaram a nossa imagem, dizendo que nos tornamos filhos do pecado. Como

---

40 *A Divina Sabedoria dos Mestres, um guia para a felicidade, alegria e paz interior*, Sextante.

os homens deturparam aquilo que Deus fez com todo o amor! E passamos a acreditar mais no que os homens disseram do que naquilo que Deus nos revelou.

A partir dessa distorção, começamos a nos enxergar como criaturas más, pecaminosas, indignas e rejeitadas por Deus. Passamos a acreditar que, somente à custa de muito sofrimento, penitência e de uma perfeição humanamente inatingível, é que poderemos voltar ao paraíso. Enquanto isso, vivemos o inferno aqui na Terra mesmo, nos odiando muitas vezes, sentindo medo, insegurança, tristeza, rejeição, emoções que se transformaram em camadas que encobrem a nossa verdadeira natureza divina.

Estou certo de que uma das grandes tarefas de Jesus consiste em curar as imagens nocivas que carregamos sobre nós mesmos. Jesus vem propor mudanças nessa ordem de coisas distorcidas. Primeiramente, ele se refere a Deus utilizando a palavra aramaica *Abba*, cuja tradução mais adequada quer dizer "paizinho", "pai querido". Não é possível que esse paizinho querido tenha criado filhos tão diferentes de si! Somos seres queridos também! Somos sal da terra e luz do mundo, disse Jesus, traduzindo a nossa natureza em imagens tão belas. E precisamos acreditar nisso tudo, com o que curaremos nossa baixa autoestima, raiz de muitos males em nossa vida.

Jesus também afirma que somente entrarão no Reino dos Céus aqueles que se parecerem com as crianças. Essa é a imagem que precisamos resgatar em cada um de nós. A criança pura, leve, amorosa, alegre, que sabe que é amada por seus pais e que, por isso, se sente segura e feliz, e que está sempre disposta a recomeçar a vida dentro da própria existência. Quantos traumas se dissolveriam com essa imagem da criança interior, sempre recomeçando a vida sem a interferência de um passado que já não lhe afeta mais!

Anselm Grün afirma que a criança é a imagem para a renovação interior: "Quando concebemos a imagem da criança divina em nós, cresce em nós a esperança de que tenhamos a coragem para um recomeço. Jamais é tarde demais para começar. A criança divina diz-nos que em cada momento é possível uma renovação."[41]

Enfim, é preciso também desaprender todas as emoções distorcidas que nos desfiguraram, que tentaram encobrir toda a nossa beleza e potencialidade divinas, porque, como afirma Dr. Brian, debaixo das camadas de poeira, sempre fomos diamantes. Reconhecer esse diamante e viver como tal, eis o grande milagre da nossa vida!

---

41   *O poder de cura das imagens interiores*, Editora Vozes.

Parecido com o amor

O amor é o imã do qual Deus não pode escapar.
YOGANANDA[42]

Deus é amor. Talvez essa definição do evangelista João[43] esteja um tanto desgastada, mas não custa voltarmos a ela, tentando resgatar seu sentido profundo e terapêutico. Proponho que troquemos a palavra "Deus" pela palavra "Amor", e isso abrirá a nossa alma a novas percepções. Quando formos orar, peçamos forças ao Amor, inspiração ao Amor, coragem ao Amor, respostas ao Amor.

Todas as vezes em que escolhemos o amor por atitude, Deus se manifesta em nossa vida. Em vão pediremos a intervenção divina para nossos problemas sem que o amor esteja em nossos gestos cotidianos. Por isso, mais importante do que ser amado é amar! Pois somente assim Deus se manifesta em nós, e, dessa maneira, poderemos um dia dizer como Jesus

---

42 *Assim falava Paramahansa Yogananda*, Self-Realization Fellowship.
43 1 João: 4, 8.

disse: "Eu e o Pai (amor) somos um!" Embora essa perfeita comunhão seja um ideal a ser atingido ao longo de muitas vivências, já nos é possível acrescentar um pouco mais de amor em nossa vida.

Pensando em sugerir algumas ideias práticas sobre como trazer o amor para nossas atitudes do dia a dia, vou apresentar o questionário sobre o amor idealizado por Leo Buscaglia.[44] A proposta é que estejamos mais atentos ao amor que poderemos dar a cada hora do dia:

Alguém ficou um pouquinho mais feliz porque apareci hoje?
Deixei qualquer evidência concreta da minha bondade, qualquer sinal de amor?
Tentei pensar em alguém que conheço sob um enfoque mais positivo?
Ajudei alguém a sentir um pouco mais de alegria, a rir, ou pelo menos a sorrir?
Tentei remover um pouco da ferrugem que está corroendo meus relacionamentos?
Perdoei outras pessoas por serem menos perfeitas?
Perdoei a mim mesmo?
Aprendi alguma coisa nova sobre a vida, sobre viver ou sobre o amor?

E, se você não ficar satisfeito com as respostas (como eu não fiquei), a partir de agora, poderá tentar modos mais amorosos de lidar com as pessoas e consigo também.

Vale a pena lembrar de algumas características que o apóstolo Paulo atribuiu ao amor em sua conhecida Carta aos

---

44 *Nascidos para Amar, reflexões sobre o amor*, Nova Era.

Coríntios.[45] Ele explica que "o amor é paciente e bondoso. O amor não é ciumento, nem orgulhoso, nem vaidoso. Não é grosseiro, nem egoísta."

A partir disso, nosso amor pode crescer um pouco mais, e, assim, a gente vai ficando parecido com Deus, parecido com o amor.

---

45   1 Coríntios: 13, 4-7.

Largar as pedras

Se todos perdoassem, a saúde humana atingiria prodígios de equilíbrio e longevidade, porquanto a compreensão recíproca extinguiria o ressentimento e o ciúme, que deixariam, por fim, de assegurar, entre as criaturas, terreno propício à obsessão e à loucura, à enfermidade e à morte.

EMMANUEL[46]

O perdão é um recurso indispensável para o nosso bem viver. Não por outra razão Jesus se refere a ele em diversas passagens do Evangelho. É bem conhecida a pergunta que Pedro faz a Jesus sobre a quantidade de vezes que deveríamos perdoar. Bem conhecida também é a resposta, que, para nós, ainda permanece como um desafio a ser alcançado: "Perdoar setenta vezes sete."[47]

Nada obstante a constatação de que perdoar traz benefícios a quem perdoa (aceita, inclusive, em diversas pesquisas

---

46 *Meditações Diárias*, psicografia de Francisco Cândido Xavier, IDE.
47 Mateus: 18, 22.

científicas), muitos têm grande dificuldade em perdoar. Isso provavelmente ocorre porque essas pessoas acreditam que, perdoando, estariam concordando com o ato de que foram vítimas. Mas perdoar não tem nada a ver com tal entendimento. Como esclarece o Dr. Dean Ornish, ardoroso defensor da prática do perdão e professor de medicina nos Estados Unidos, "o perdão não isenta de culpa nem aceita os atos de alguém que o magoou, ao contrário, ajuda a libertá-lo da dor e da raiva crônica, da separação e do isolamento."[48]

Outras vezes, utilizamos a mágoa como forma de punição a quem nos machucou. Inconscientemente, queremos mostrar a quem nos feriu o quanto estamos destroçados, objetivando, com isso, castigar o ofensor. Mal sabemos, porém, que somos nós os maiores punidos quando não abrimos mão do ressentimento.

Perdoar, portanto, é um benefício que se faz a si mesmo, é trazer a paz de volta para a nossa vida, além de ser um poderoso remédio para a nossa saúde física, emocional e espiritual. Já está provado cientificamente que a mágoa crônica (e também o ódio, a raiva e a culpa) deixa o corpo físico tenso, agitado, intranquilo, fazendo com que o organismo fique em permanente estado de alerta. Isso quer dizer que o corpo gastará a maior parte da sua energia para se manter vigilante em relação ao incômodo que os ressentimentos provocam, não restando energia disponível para mantê-lo ativo e saudável.

---

48 *Amor & Sobrevivência*, Rocco.

Por isso, cultivar mágoas e ressentimentos é um método muito eficiente de adoecer, envelhecer rapidamente e antecipar a nossa morte. Já o perdão, por nos trazer calma, tranquilidade e relaxamento, promove a cura e a longevidade.

Vale a pena meditar sobre o pensamento de William Shakespeare, segundo o qual guardar ressentimento é a mesma coisa que ingerir veneno e querer que o outro morra. Isso é muito verdadeiro para quem vive apegado às suas mágoas.

O perdão também é um antídoto eficiente contra a loucura. O ressentimento, quando cultivado intensa e sistematicamente, pode desarticular nossas engrenagens psíquicas, levando-nos a perturbações de ordem mental e emocional. Muitas depressões podem ser apenas o disfarce de mágoas e decepções profundas de que o ser não conseguiu, até o momento, se desvencilhar.

O ressentimento também pode ser uma porta aberta à obsessão, que nada mais é do que uma influência espiritual negativa, que, geralmente, se estabelece entre nós e os espíritos infelizes por algum laço de sintonia. O nosso estado de recusa ao perdão se liga ao sentimento de espíritos que também não nos perdoam do mal que lhes fizemos ou do mal que fizemos a outrem, nesta vida ou em existências passadas. Mas, quando perdoamos os que nos ferem, além de sensibilizarmos o coração dessas almas atormentadas, que passam a nos ver com olhos mais tolerantes, mudamos o padrão da nossa energia, quebrando os elos de sintonia que nos mantinham ligados a elas.

Perdoar é compreender que todos somos, a um só tempo, ofendidos e ofensores. Quem poderá, portanto, atirar a primeira pedra? Perdoar é largar as pedras, para que elas não nos firam mais.

Saindo de mim

Não me canso de repetir: em grande medida, a vida é o resultado de nossos relacionamentos. Temos que aprender a deixar o 'eu' um pouco de lado para conviver com mais generosidade, mais consideração, mais delicadeza.
PIERO MASSIMO FORNI[49]

Se quisermos saber se a nossa vida vai bem, um dos indicadores mais precisos é analisar como estão os nossos relacionamentos. Viver é se relacionar a todo instante, de modo que, se nossas relações caminham bem, temos um forte indicativo de que nossa vida vai bem, porque somos pessoas socialmente boas e agradáveis e de fácil convivência. Isso pode não garantir a felicidade, mas é uma boa parte dela, senão a maior.

Falo aqui de relacionamentos de uma forma geral, incluindo as uniões afetivas, familiares, amizades e outras,

---

49   Apud *A Arte de ser leve*, Leila Ferreira, Principium.

em que a vida faz com que se estabeleça algum tipo de laço conosco. Vale a pena nos perguntarmos se nossas relações são saudáveis, duradouras e prazerosas ou se costumam ser tempestuosas, cheias de conflitos que nos esgotam e, geralmente por isso, de curta duração.

Claro que não falo de relacionamentos perfeitos, porque não somos anjos, mas, se eles forem predominantemente espinhosos, precisamos avaliar o que está acontecendo e qual o nosso grau de participação nisso. Via de regra, apontamos o dedo para o outro. Temos uma lista de defeitos para descrever nosso afeto, que já está quase virando desafeto, se é que já não se tornou. Embora eu não possa questionar a sua lista (e devo respeitar seu ponto de vista, por acreditar que você deva ter razão em alguma coisa), não posso também deixar de pensar que seu parceiro deve ter uma lista igual à sua. E agora, como ficamos?

Acredito que as crises nos relacionamentos somente se resolverão quando cada um estiver disposto a diminuir o peso da existência para o outro. Cada um!!! Cada um menos egoísta. Cada um aprendendo a deixar o "eu" um pouco de lado, para ser mais generoso. Será que não estamos muito chatos, cobradores, perfeccionistas, inflexíveis, mal-humorados e grosseiros? Diante dessas perguntas, que reconheço serem incômodas, logo nos apressamos em dizer que o outro é assim, e, com isso, fugimos da reflexão que nos cabe, como se, em algum nível, menor ou maior, não tivéssemos parcela alguma de responsabilidade pela crise que enfrentamos.

Que tal abandonarmos a tática da espera? Aguardarmos que o outro mude para mudarmos costuma levar qualquer relação à estagnação e a maiores desgastes. Porém, muito provavelmente, se nós mudarmos, reações positivas poderão ocorrer.

Deixemos o nosso "eu" um pouco de lado, isto é, o nosso egoísmo, e, com ele, o desejo de querer que a vida gire em torno de nós. Vamos ter consideração pelo outro, vale dizer, tentemos pensar no que ele gosta, no que ele precisa, no que faz bem a ele, segundo a óptica dele, e não a nossa. De preferência, amar a pessoa como ela gostaria de ser amada. Ela não é invisível! Sejamos, então, mais generosos, procuremos dar, e não apenas receber. A mesquinhez tira o encantamento do amor. O egoísmo nos leva à solidão. A frieza nos transforma em estátuas mortas. Mas o amor, ele nos faz as pessoas mais incríveis do mundo!

Só ama quem é capaz de sair de si ao encontro do outro!

Copo cheio

Há um tempo em que é preciso abandonar as roupas usadas, que já têm a forma do nosso corpo, e esquecer os caminhos que nos levam sempre aos mesmos lugares. É o tempo da travessia. E, se não ousarmos fazê-la, teremos ficado à margem do caminho.

ANÔNIMO[50]

Muitas vezes, surgirá em nossa vida o tempo da travessia. Talvez ele nos esteja chamando agora. E nós, com medo de atravessar a rua, o que não deixa de ser natural, embora a travessia não deva ser indefinidamente adiada. Devemos perceber que, se não fizermos isso, a vida não muda, o passado não passa, a doença não tem cura, o tédio nos amarra na cama e a frustração vira uma noite sem fim. Quando chegamos a esse ponto, a vida parece que nos espreme, faz nosso chão tremer,

---

50 Texto geralmente atribuído a Fernando Pessoa, mas sem indicação de fonte. Muitos, porém, atribuem a autoria a Fernando Teixeira de Andrade, professor de literatura do Colégio Objetivo, de quem fui aluno. Pareço ver o saudoso professor declamando esse poema em sala de aula. (Nota do autor)

para que atravessemos a ponte que está prestes a ruir. Se não nos apressarmos em atravessá-la...

O momento da travessia é aquele em que precisamos avançar, porque estamos num rodamoinho de atitudes que sempre nos prendem aos mesmos lugares, que não suportamos mais. No tempo da travessia, é preciso ter a coragem para deixar na poeira do tempo aquilo que se tornou imprestável. Os nossos velhos pensamentos, as nossas teorias ultrapassadas, os nossos costumes obsoletos, os sentimentos pesados, que sobrecarregam nossos ombros. A culpa que nos paralisa. O medo que nos amarra. Os traumas da infância, que não nos deixam crescer. A supervalorização do outro e o abandono de nós mesmos. O complexo de inferioridade, que vive sabotando a nossa felicidade. As mágoas que ainda choram dentro de nós. Os relacionamentos esgarçados pelo desamor. Quanta roupa velha, que está na hora de ser abandonada! Roupa suja, rasgada, cheirando a mofo!

Quando aportamos no tempo da travessia, nossa alma fica nauseada, não consegue digerir tanta comida estragada, e precisa então expeli-la, para se sentir melhor. A necessidade da travessia é aquele momento tão bem descrito pelo Gonzaguinha: "Só sinto no ar o momento em que o copo está cheio e que já não dá mais pra engolir."[51] Então, paremos de engolir todo o veneno que está corroendo nossa vida! É verdade que toda mudança gera desconforto. Porém, em muitas ocasiões, não mudar implicará dores muito maiores do que o desconforto da travessia.

---

51 Trecho da música *Grito de Alerta*.

Uma boa estratégia para nos ajudar às mudanças é nos perguntarmos como desejamos estar daqui a um ano. Visualizemos bem nossos sonhos e anseios, definindo bem como gostaríamos de estar vivendo. Imaginemo-nos na situação desejada. Vejamos como nos sentimos felizes na nova situação. Percebamos bem a nossa cara de felicidade. Vejamos nossos movimentos seguros, próprios de uma pessoa realizada. Essas visualizações podem ser um bom combustível para atravessarmos a ponte!

Se víssemos nosso melhor amigo em perigo, certamente, nós faríamos de tudo para salvá-lo. Mas, hoje, o melhor amigo que está em perigo somos nós mesmos. Então, que tal começarmos a nossa travessia? Peçamos a Deus inspiração para darmos o primeiro passo e coragem para encararmos as tempestades. Peçamos força e coragem para nos desapegarmos das nossas feridas. Amanhã, elas serão apenas cicatrizes de alguém que ousou não ser mais o mesmo e apostou na própria felicidade!

Progredir sempre

Todos os Espíritos tendem para a perfeição e Deus lhes faculta os meios de alcançá-la pelas provações da vida corporal. Mas, em sua justiça, Ele lhes concede realizar, em novas existências, o que não puderam fazer ou concluir numa primeira prova.

ALLAN KARDEC [52]

Deus tem um plano maravilhoso para cada um de nós! Assim como o pai deseja o progresso do filho, Deus também almeja que seus filhos cresçam e se tornem cada vez mais inteligentes e amorosos, pois, assim, pouco a pouco, alcançarão a condição de espíritos felizes. Quanto mais o espírito progride, mais felicidade ele desfruta, porque sua maturidade já lhe permite agir com mais acerto, colhendo resultados mais positivos.

---

52   *O Livro dos Espíritos*, Allan Kardec, questão n. 171.

Podemos afirmar, portanto, que nossa existência na Terra é uma experiência de crescimento espiritual. Os problemas que nos atingem estão ligados às áreas em que precisamos aprender uma forma mais inteligente e amorosa de lidar com as situações difíceis. São as lições do nosso crescimento.

Chico Xavier afirmou que os Espíritos de Luz compararam o planeta Terra a um grande berçário com crianças dormindo. Essas "crianças" precisam acordar e deixar o berçário. É uma metáfora do crescimento espiritual, que consiste em abandonar nossos aspectos infantis, controlando as tendências egoístas e encontrando satisfação em atender às necessidades de outras pessoas, e não apenas às nossas. Crescer é tornar-se sensível às necessidades do outro. Como cantou o Tom Jobim: "Fundamental é mesmo o amor, é impossível ser feliz sozinho."[53]

Deus sabe, porém, que esse crescimento é um processo paulatino, não se faz de imediato. Aquele, por exemplo, que aspira chegar ao curso superior precisa passar pelos ensinos fundamental e médio. Isso nos permite supor quanto aprendizado precisaremos ter para atingirmos a perfeição espiritual! Por essa razão é que Deus nos concede sucessivas existências na vida material, para que possamos nos aprimorar em cada uma delas. Eis aí a razão da reencarnação!

Além do mais, no programa pedagógico divino, está previsto que nós tomaríamos decisões equivocadas, que nem sempre acertaríamos em nossas atitudes, que todo aprendizado é constituído de erros e acertos. Como nas escolas humanas, onde o aluno reprovado tem o direito de repetir o

---
53 Canção intitulada "Wave".

aprendizado, na escola da vida, também temos a oportunidade de retomar experiências malsucedidas, através de uma nova existência na Terra.

A reencarnação é a prova de que Deus não é apenas justiça, é também amor e misericórdia, pois concede ao espírito novas oportunidades de refazer o que não deu certo, reconstruir amizades perdidas, recuperar afetos, desenvolver potenciais adormecidos, esforçar-se no que foi omisso, deixar de viver como criança mimada. A reencarnação também é o grande perdão de Deus para seus filhos, pois os erros que cometemos numa existência poderão ser reparados em outra, jogando por terra as velhas concepções religiosas de castigos e penas eternas.

A reencarnação é Deus nos dizendo: - Volte à Terra, meu filho, e tente outra vez. Recomece de onde parou, conserte o vaso quebrado, reconquiste o amor do passado, aprenda com seus erros, progrida, e seja feliz! Afinal de contas, "nascer, crescer, morrer, renascer ainda e progredir sempre, tal é a lei."[54]

---

54 Essa frase foi inscrita no túmulo de Allan Kardec, em Paris. Embora seja de autoria incerta, a frase espelha com fidelidade e riqueza um dos princípios básicos do Espiritismo. (Nota do autor).

A força da gratidão

E se você acordasse amanhã só com o que você agradeceu hoje?

ANÔNIMO

Demorei a começar a escrever este capítulo, pensando na pergunta formulada. Creio que você também deva ter sentido o impacto da indagação, e, se você for como eu, chegou à amarga constatação de que amanhã acordaria com bem poucas coisas...

Há pouca gratidão em nossa vida! E encontrei alguns motivos para isso. O primeiro deles diz respeito à maneira pela qual a nossa mente foi programada ao longo da evolução. Pelo instinto da sobrevivência, a mente foi aparelhada para aprender rapidamente com as experiências ruins, mas não tão rapidamente com as boas.[55] Desse modo, damos mais

---

[55] Dr. Rick Hanson, neuropsicólogo, em sua obra *O Cérebro e a Felicidade*, Martins Fontes.

importância aos problemas que nos ameaçam do que às coisas boas que nos acontecem.

A falta de gratidão é quase uma falta de percepção nossa das inúmeras ocorrências positivas que nos felicitam todos os dias, principalmente daqueles acontecimentos diários que eu chamo de "pequenas felicidades": o abraço de um filho, a visão de uma árvore florida, voltar para casa depois de um dia estafante, a visita de um amigo, o sorriso de uma criança, a palavra afetuosa de um familiar, ter uma cama para dormir, água para o banho, remédio para dor, música para sonhar, livros para voar e tantas outras pequenas felicidades que passam despercebidas por nós. Incorporar a gratidão como um hábito de vida faria com que sentíssemos o contentamento pelas coisas boas da vida, aumentando, indiscutivelmente, os níveis da nossa felicidade.

O outro motivo pelo qual tendemos à ingratidão está ligado ao nosso egoísmo. Quem explica isso muito bem é o filósofo André Comte-Sponville: "O egoísta pode regozijar-se em receber. Mas seu regozijo é seu bem, que ele guarda só pra si. Ou, se o mostra, é mais para fazer invejosos do que felizes: ele exibe o seu prazer, mas é o prazer dele. Já esqueceu que os outros têm algo a ver com isso. Que importância têm os outros? Por isso o egoísta é ingrato: não porque não goste de receber, mas porque não gosta de reconhecer o que deve a outrem, e a gratidão é esse reconhecimento..."[56]

Nosso comportamento egoísta desconhece que, ao retribuirmos nossa alegria em forma de gratidão, estamos, na verdade, somando alegrias, compartilhando felicidade, aumen-

---

56 *Pequeno Tratado das Grandes Virtudes*, Martins Fontes.

tando o próprio prazer, o que, inevitavelmente, fará com que a nossa sensação de bem-estar se amplie consideravelmente. Ser mais generoso e menos egocêntrico favorece a prática da gratidão e, por consequência, passamos a ser pessoas mais felizes.

Gratidão e felicidade são como irmãs que jamais se separam. Uma não vive sem a outra e uma engorda a outra. Quando dou atenção ao que corre bem comigo e sou grato por isso, sou invadido por uma sensação de felicidade. Sinto-me abençoado pela vida e, por consequência, a vida me abençoará mais ainda. Foi Jesus quem disse isso: "A todo aquele que tem, será dado mais, e terá em abundância."[57] A prática da gratidão nos faz ver o que temos e nos sentirmos felizes por isso, o que gera dois grandes benefícios: a) satisfação emocional pelos aspectos positivos da nossa vida; b) sintonia com a lei espiritual da abundância, abrindo-nos as portas para novas bênçãos, pelo estado de positividade em que a gratidão nos coloca.

A ingratidão, porém, tem o efeito inverso: nos deixa com o ânimo abatido pela sensação de desventura, quando não revoltados com o mundo, gerando infelicidade e uma energia espiritual negativa, que gera mais carências ainda. Novamente, é Jesus quem diz: "Mas daquele que não tem, até o que tem lhe será tirado." O que não tem é o que não enxerga o que tem e muito menos se alegra com o que tem!

Tomara que amanhã a gente acorde com todas essas coisas boas que vamos passar a agradecer a partir de agora!

---

[57] Mateus: 25, 29.

Mudar de dupla

Na maioria, os casais terrestres passam as horas sagradas do dia vivendo a indiferença ou o egoísmo feroz.

LAURA, ESPÍRITO[58]

Em breve síntese, essa é a visão que os Espíritos de Luz têm a respeito das uniões conjugais na dimensão terrena. Uniões ainda predominantemente marcadas pela indiferença e pelo egoísmo, o que explica o grande número de discussões, violência, separações e até mortes entre aqueles que, no começo, se prometeram amor, carinho e cuidado até que a "morte" os separasse. Mas, em geral, não é a morte que os vem separando; é a dupla indiferença/egoísmo.

Numa relação em que sobra egoísmo, falta o amor. Numa relação marcada pela indiferença, surge o vazio e falta o aconchego, nasce o silêncio e falta a conversa. Surge a competição

---

58 *Nosso Lar*, pelo Espírito André Luiz, psicografia de Francisco Cândido Xavier, FEB.

e falta o companheirismo. O lar, que deveria ser um jardim de encantos, vira um ringue de lutas. E tudo isso porque estamos deixando o frio ser mais forte que o calor, estamos vivendo como se a vida só existisse para nós e, a partir disso, os outros se tornam pessoas invisíveis aos nossos olhos.

Do ponto de vista espiritual, estamos numa relação afetiva para aprender a amar, e isso implica ser menos egoísta, implica pensar no outro, considerá-lo como alguém que, assim como eu, também tem gostos, vontades e necessidade de se sentir amado. Amar é ir na direção do outro, fazê-lo transbordar de alegria e afeto. Não há maior felicidade do que fazer alguém feliz com o amor que somos capazes de oferecer! A vida não pode girar apenas em torno dos nossos próprios interesses, pois, assim, ela fica vazia, fica sem o alimento que vem do outro, sem a riqueza que somente a permuta de amor é capaz de oferecer.

Por isso, pensemos como o Fabrício Carpinejar: "Não é porque você conquistou quem desejava que deve relaxar. Não é porque alcançou independência financeira que já tem autonomia afetiva. Quando chega em casa do trabalho, depois de oito horas de incômodo, da chuva de cobranças e prazos, cansado, estressado, faminto, não adianta afundar no sofá, esticar as pernas, esquentar algo e se apagar. Não terá direito à solidão e ficar em paz. Não terá direito a não conversar. Não terá direito a não ser afetuoso. Não terá direito a assistir à televisão sem ninguém por perto. Se pretende se isolar, não ouse casar, não procure dividir o tempo e o abajur."[59]

---

59 *Me ajude a chorar*, Bertrand Brasil.

Ainda falando da nossa vida espiritual, é certo dizer também que a maioria das uniões afetivas de hoje é a continuação de uniões de outras existências e que não tiveram um final feliz. Uniões que terminaram assassinadas pela dupla indiferença/egoísmo. Sobraram mágoas, ódios e rancores. E despertamos no mundo espiritual tristes pela experiência malsucedida. Mas Deus, em seu amor infinito, nos dá a oportunidade de uma existência nova, de um novo reencontro para que, enfim, a dupla indiferença/egoísmo seja substituída pela dupla consideração/amor. O esforço é somente aquele de sair de si mesmo. Mas vale a pena, por você, pelo outro, por nós, porque, nas palavras do apóstolo Paulo, sem amor, nada seríamos![60]

---

60   1 Coríntios: 13, 3.

Relativize

> *Não existem verdades absolutas neste universo. Se você tentar enquadrar suas experiências em categorias absolutas, ficará constantemente deprimido porque suas percepções não vão corresponder à realidade. Vai aborrecer-se por ficar menosprezando a si o tempo todo, afinal, por mais que você faça, nunca irá corresponder às suas expectativas exageradas.*
>
> Dr. David D. Burns[61]

O perfeccionismo é um dos mais cruéis carrascos da criatura humana.

Ele nos leva a ter pensamentos do tipo "tudo ou nada". Ou você é absolutamente brilhante em tudo o que faz, ou você é um fracasso total se mostrou alguma imperfeição em seu desempenho, mesmo que ninguém tenha notado o seu erro. E, como não existem verdades absolutas, à exceção de Deus,

---

[61] *Antidepressão, a revolucionária terapia do bem-estar*, Cienbook.

o perfeccionista jamais atingirá aquele estado absolutamente maravilhoso, frustrando-se a todo o tempo, julgando-se incompetente, mesmo que seu desempenho tenha sido bom ou até ótimo.

A nascente desse tipo de pensamento vem de um forte sentimento de orgulho, fruto da vergonha de sermos o que somos, e que desencadeia o medo de não sermos amados pelas nossas imperfeições. Daí vem a ânsia de cada um provar, para si e para os outros, que é o mais belo e o mais hábil de todos, o melhor em tudo e o melhor de todos, o modelo da perfeição. O problema é que nos esquecemos de que não somos deuses, que a perfeição absoluta só a Deus pertence, e que, portanto, se quisermos ter um pouco de prazer e satisfação na vida, devemos viver em busca de uma perfeição relativa, própria dos seres humanos. Essa relativização deve levar em conta os nossos limites, a ignorância para tantas coisas, a inaptidão para muitas tarefas e a inexperiência em muitos campos da atividade humana.

Longe estou de pregar uma acomodação com os nossos limites. Mas é que, sem percebê-los e aceitá-los, dificilmente conseguiremos, num primeiro momento, viver em paz com nós mesmos, e, num segundo momento, tentar superá-los, pacientemente. Aceitação é a primeira porta que se abre ao amor. Se ela estiver fechada, jamais amaremos quem quer que seja, a começar por nós mesmos. Sem autoaceitação, caminharemos facilmente para as ilusões do orgulho. Por essa razão, Alberto Caeiro, heterônimo de Fernando Pessoa, escreveu este poema:

Fôssemos nós como deveríamos ser
E não haveria em nós necessidade de ilusão...
Bastar-nos-ia sentir com clareza e vida
E nem repararmos para que há sentidos...
Mas graças a Deus que há imperfeições no Mundo
Porque a imperfeição é uma cousa,
E haver gente que erra é original,
E haver gente doente torna o mundo engraçado.
Se não houvesse imperfeição, havia uma cousa a menos,
E deve haver muita cousa
Para termos muito que ver e ouvir... [62]

Lembro que Jesus falou que os humildes seriam exaltados e que os orgulhosos seriam rebaixados.[63] O humilde é aquele que não deseja aparentar ser mais do que ele é, e fica feliz quando consegue mostrar toda a luz que ele tem, sem querer parecer um farol, quando se é apenas o toco de uma vela. Já o orgulhoso exige de si a luz que somente o Sol seria capaz de emanar. Se ele não puder ser como o Sol, a luz da sua vela, que tanto bem poderia fazer a si mesmo e às pessoas, não serve pra nada; e ele, então, se julga na escuridão, menosprezando-se.

Vamos acabar com as nossas expectativas exageradas, escapando das ciladas do perfeccionismo! Todas as vezes em que estivermos querendo ser grandes demais, lembremos que Jesus falou que, no Reino dos Céus, somente entrarão as criancinhas, e como elas são felizes!

---

62 *Fernando Pessoa, Obra Poética*, Editora Nova Aguilar.
63 Mateus: 23, 12.

Curar as feridas da alma

Porque o ódio que sentirmos ou a cólera que alimentemos recai sempre sobre nós, no sentido de doença, de abatimento, de aflição e só pode causar mal, já que deixamos, há muito tempo, a faixa da animalidade para entrarmos na faixa da razão.

CHICO XAVIER[64]

Há momentos em nossa vida em que, quase que irresistivelmente, somos tomados por um sentimento de raiva. Não veja isso como um mal, porque, no dizer do Dr. Bernie Siegel, a raiva é um sinal de alerta informando que seu território está sendo invadido, que seu senso de identidade está sendo menosprezado.[65]

Não nos sintamos culpados quando estamos com raiva, ódio ou mágoa. É humano ter esses sentimentos, e creio que,

---

64 http://www.grupoandreluiz.org.br/chico_ler_perguntas.php?id=11 - acesso em 19/01/2016.
65 *Viver bem apesar de tudo*, Summus Editorial.

por vezes, temos até algumas razões sérias para isso. A questão crucial é saber o que faremos com eles. Permaneceremos com tais sentimentos por tempo indefinido? Iremos canalizá-los para alguma atitude violenta, seja ela física ou emocional? Essas não são as melhores opções, porque, dessa forma, nós pagaremos um preço alto, o preço da nossa saúde, quando não o preço da liberdade ou o preço da própria vida. Nessas hipóteses, esses sentimentos serão tardiamente tratados num consultório médico, numa mesa de cirurgia, na penitenciária ou, lamentavelmente, nos hospitais do mundo espiritual.

Por exemplo, a expressão "morrer de raiva" não é apenas figurativa. Estudos na área da medicina psicossomática já relacionam a personalidade raivosa a doenças do fígado, ao desequilíbrio do sistema nervoso e aos problemas circulatórios, incluindo o ataque cardíaco. Nem todo infartado é, necessariamente, um raivoso, mas uma pessoa que cultive a raiva pode ser uma boa candidata ao infarto. O ressentimento, por sua vez, por submeter o corpo a um estresse contínuo, pode enfraquecer o sistema imunológico, dando margem ao surgimento de algumas doenças, dentre as quais o próprio câncer.

Também não faz bem reprimir esses sentimentos negativos, pois, assim, eles apenas explodirão em algum outro lugar (provavelmente, em nosso próprio corpo), ou com outra pessoa que nada tem a ver com a situação dolorosa. Precisamos, apenas, senti-los, acolhê-los e dar a eles uma direção para canais saudáveis. Necessitamos jogar fora esse lixo que entrou, sem fazer tanta sujeira. Podemos contar a nossa história de dor desabafando com um amigo ou familiar, com o terapeuta ou o orientador da comunidade religiosa com que nos identificamos ou, até mesmo, expressar num diário pessoal toda a nossa ira. Exercícios físicos ajudam a descarregar a energia agressiva que se acumulou em nosso corpo. O ato de caminhar, por exemplo, afora os benefícios do relaxamento que provoca, tem um significado simbólico: sentimos que estamos nos distanciando daquilo que nos feriu, que a vida está seguindo em frente, apesar de tudo, que a dor que sentimos não está impedindo de tocarmos a nossa vida. Isso é libertador!

O perdão, por sua vez, é a terapia espiritual que coroa o nosso tratamento contra os ressentimentos de um modo em geral. Perdoamos não para inocentar quem nos machucou, nem para nos tornarmos heróis orgulhosos. Perdoamos para curar as nossas feridas, perdoamos por reconhecer a falibilidade humana, que também é nossa.

A propósito, o Arcebispo Desmond Tutu, ganhador do Prêmio Nobel da Paz de 1984, traz palavras que iluminam nossa compreensão sobre o assunto: "Somos capazes de perdoar porque somos capazes de reconhecer nossa humanidade comum. Somos capazes de reconhecer que somos todos seres humanos frágeis, vulneráveis e imperfeitos, capazes de inconsequência e crueldade. Também reconhecemos que ninguém nasceu mau e que somos muito mais do que o pior que fizemos na vida. Uma vida humana é uma grande mistura de bondade, beleza, crueldade, mágoa, indiferença, amor e muito mais. Queremos separar o bom do mau, os santos dos pecadores, mas isso não é possível. Todos nós compartilhamos as qualidades essenciais da natureza humana, e, por isso, às vezes, somos generosos e às vezes egoístas. Às vezes somos prudentes, às vezes levianos, às vezes bondosos, às vezes cruéis. Isso não é uma crença. É um fato."[66]

Aliviados por palavras tão sábias e curadoras, sentimos que é hora de o perdão entrar em nossa vida, limpando o nosso corpo, mente e coração de todo o mal que passou por nós!

---

66 *O livro do perdão, Para curarmos a nós mesmos e o nosso mundo*, Desmond Tutu e Mpho Tutu, Valentina.

Deixar de ser morno

- *Você quer ficar curado?*
- *Senhor – respondeu ele – não tenho ninguém para me pôr no tanque quando a água fica agitada. Cada vez que quero entrar, outro doente entra antes de mim.*

EVANGELHO DE JESUS[67]

Esse diálogo foi estabelecido entre Jesus e um homem que sofria de paralisia havia trinta e oito anos. A conversa se inicia com uma pergunta de Jesus, aparentemente, despropositada, pois era de se presumir que o paralítico quisesse se curar. Mas a indagação de Jesus tem um profundo significado simbólico, pois penetra nos porões mais íntimos do enfermo e identifica algum obstáculo à cura. Observemos a resposta que o paralítico dá e começaremos a entender o motivo da pergunta de Jesus.

---

67 João: 5, 6-7.

Segundo Osmar Ludovico: "há pessoas que desenvolvem mecanismos de autodestruição, aos quais se apegam. Vitimizam-se e acomodam-se na dor, culpam os outros e abandonam o desejo de mudar e de buscar a felicidade. Nada parece capaz de desviá-las de sua rota autodestrutiva."[68]

Certamente, Jesus percebeu que o paralítico, apesar do sofrimento, estava mergulhado nesse mecanismo de vitimização e autodestruição. Era mais fácil culpar os outros, como ele fez, do que mobilizar o seu desejo de cura, de mudança de vida, de libertação do que estava morrendo e precisava renascer. Por isso, Jesus lhe transmite uma palavra de ordem: "Levante-se, pegue a sua cama e ande." E consta das Escrituras que o homem ficou instantaneamente curado! Particularmente, estou convencido de que a paralisia daquele homem era muito mais emocional do que física.

Tudo indica que, em algum trecho do caminho, diante dos desafios que surgem em nossa jornada, não conseguimos ser tão fortes quanto é preciso e amolecemos nossas fibras, adotando uma postura quase infantil de nos fragilizar perante o obstáculo que, antes, nos chamava a um crescimento. A criança tem pernas fracas, não tem a firmeza suficiente para andar, por isso ninguém a critica por não ficar em pé. É possível que nós também tenhamos entrado num processo de paralisia diante de fatos que desafiam a nossa capacidade de crescimento, de sairmos da mediocridade para assumirmos todos os nossos potenciais adormecidos. E aí, com medo, falta de confiança, ou até por uma certa acomodação, caímos paralisados perante a vida, e passamos a viver na expectativa

---

[68] *O caminho do peregrino*, Laurentino Gomes e Osmar Ludovico, Principium.

de que alguém segure a nossa barra e suporte o peso em que a nossa vida se transformou.

Preferimos nos largar em desculpas a enfrentar as dificuldades, e nos afundamos na areia movediça da acomodação. E nos tornamos colecionadores de "quases": quase fui feliz, quase amei, quase me formei, quase me esforcei, quase fui um bom pai, quase fui um bom funcionário, quase fui um bom cônjuge, quase fui um bom cidadão, quase fui um bom religioso...

A vida não quer pessoas pela metade! A vida não quer pessoas mornas! No *Livro do Apocalipse*, há uma palavra dura para todos nós, mas absolutamente necessária: "Sei que não são nem frios nem quentes. Como gostaria que fossem uma coisa ou outra. Mas porque são apenas mornos, nem frios nem quentes, vou logo vomitá-los."[69] A vida é muito curta para ser pequena, superficial, morna. Por isso é que seremos "vomitados", não por Deus, mas pela própria mediocridade!

E, por isso, Jesus chamou o paralítico, para que ele deixasse de ser morno: "Levante-se, pegue a sua cama e ande."

Toda cura envolve uma autocura. O céu coopera, não há dúvida, mas precisamos fazer um céu dentro de nós. O Alto sempre nos responde, mas precisamos nos elevar também. Vamos fazer a nossa parte! Vamos nos levantar, resgatar nossos desejos e vontades, assumir a responsabilidade da nossa vida, deixar nossas paralisias, deixar de ser morno, pois Jesus está nos perguntando: "Você quer ficar curado?"

---

[69] Apocalipse: 3, 15-16.

O sal da terra

Nosso lar, meus filhos, é o mundo inteiro. E a nossa família é a humanidade integral.

BEZERRA DE MENEZES[70]

Astronautas que estiveram em expedição na Lua afirmam que, observando-se a Terra do espaço, as fronteiras e barreiras existentes entre os países não podem ser vistas. O que se pode ver é um globo uniforme, embora sabendo que ele é cheio de divisões, que foram erguidas pelos homens e que nos fizeram perder o sentido de que todos somos filhos da mesma Terra, todos habitamos o mesmo lar, todos moramos na mesma casa. As fronteiras são marcos que os homens construíram, e não muros intransponíveis, que nos diferenciam pela origem geográfica, pelo credo religioso ou pela cor da pele.

Precisamos desenvolver esse olhar dos astronautas e passar a olhar a Terra como a casa de todos, vendo a humanidade

---

70 *Bezerra, Chico e Você*, psicografia de Francisco Cândido Xavier, GEEM Editora.

como uma só família. Desta forma, não haveria mais estrangeiros, nem refugiados, pois entenderíamos que todos pertencemos à comunidade terrestre.

Certamente por isso, o astronauta Edgar Mitchell, ao retornar da missão Apollo 14, afirmou: "Fomos à Lua como técnicos, voltamos como humanistas."[71]

Nossa família biológica é importante, mas não é a única. Pertencemos a uma família maior, que é a família humana. A criança sem alimento, escola e remédio, morando sob os viadutos, pertence à minha família humana. Dentro das minhas possibilidades, algo devo fazer, nem tanto por um sentimento de caridade, mas por um sentimento de humanidade.

Bem que nós poderíamos expandir as paredes do nosso lar! Sair do nosso casulo, para ver que, além do aconchego da nossa família biológica, há irmãos que dormem ao relento, que comem sobras do lixo da nossa casa, que não possuem sequer um analgésico, e que, muitas vezes, nem nos templos religiosos são admitidos. Vivem como indigentes, e não como gente, mas são membros da nossa família! E o que estamos fazendo dela? Muitos irmãos nossos estão morrendo de fome, morrendo por doenças perfeitamente tratáveis, daqueles que são sacrificados pelo preconceito, seja ele de que espécie for.

As pessoas de outros países também pertencem à minha comunidade terrena. As que professam outras religiões e

---

[71] http://vidasimples.uol.com.br/noticias/pensar/apos-observar-o-planeta-do-espaco-astronautas-voltam-para-casa-diferentes.phtml#.VqKP0yorKUl - acesso em 22/01/2016.

aquelas sem religião alguma também integram o meu grupo familiar. Precisamos recuperar a nossa identidade humana!

Além do mais, considerando que o espírito é eterno e que já teve várias existências, reencarnando em países diferentes, experimentando culturas e religiões diversas e vivendo em famílias compostas por outros espíritos, que não os da família atual, não seria mais lógico pensar que o atual grupo familiar é apenas uma secção da nossa família universal? Muitos amigos e amores nossos de outros tempos estão, hoje, reencarnados em países diversos. Outros tantos professam religiões diferentes da que seguimos. Afetos do nosso passado longínquo podem, na atualidade, esposar convicções políticas radicalmente opostas às nossas.

O que tudo isso quer dizer? O que a lógica da reencarnação quer nos ensinar? Dentre outras coisas, que somos cidadãos planetários, que nosso lar é o mundo inteiro, que as diferenças não nos separam, que precisamos viver com alteridade, isto é, com a capacidade compreender as diferenças e conviver com elas, respeitando todo indivíduo como um ser humano, digno de amor e compreensão, porque, queiramos ou não, ele é nosso irmão.

Resgatemos aquela visão integral do astronauta: o planeta Terra é uma coisa só! Está na hora de construirmos a nova Terra, derrubando as muralhas que nos separam uns dos outros. Vamos nos lembrar de que, numa futura reencarnação, poderemos voltar para cá. Assim, vamos trabalhar desde já, para que, quando da nossa volta, o planeta esteja um lugar mais bonito de se viver. Quem sabe, começando a cantar essa linda canção de Beto Guedes, a gente se entusiasme:

Vamos precisar de todo mundo
Um mais um é sempre mais que dois
Pra melhor juntar as nossas forças
É só repartir melhor o pão
Recriar o paraíso agora
Para merecer quem vem depois[72]

---

72   Trecho da canção "O Sal da Terra".

Três portas

Seja humilde para admitir seus erros, inteligente para aprender com eles e maduro para corrigi-los.

ANÔNIMO

Esse pensamento tão simples e sábio nos chama a atenção para três virtudes importantes diante dos inevitáveis erros que todos nós cometemos ao longo da vida: humildade, inteligência e maturidade. É um roteiro capaz de transformar o erro em degrau de crescimento, e não fazer dele um presídio de fracassados. Será que, porventura, já não estamos presos? Se a resposta for positiva, chegou a hora de sairmos da prisão! E, para sair dela, precisamos passar por três portas. Vamos a elas?

A primeira delas é a porta da humildade. Humildade para reconhecer nossos erros. O que geralmente trava essa porta é o orgulho, que tenta nos tirar qualquer responsabilidade sobre os nossos problemas. É claro que nem tudo é da nossa responsabilidade, mas, naquilo que for, é preciso ter humildade para reconhecer os nossos equívocos. A humildade nos ajuda a diminuir os efeitos da vergonha, pois ela nos faz ver que não somos perfeitos, que não temos todas as habilidades, nem todos os saberes. Aliás, ninguém tem! Mas o nosso orgulho se recusa a admitir isso, e, por tal razão, Jesus falou que os orgulhosos seriam rebaixados (e nós sempre nos achamos lá no alto, não é?).

A humildade nos tira das alturas e nos põe os pés no chão. Aliás, a palavra "humildade" tem sua raiz etimológica no vocábulo grego "humus", que significa "terra". Humilde, portanto, é aquele que não se sente superior a ninguém, pois ele tem os pés no chão. Como espíritos em construção, ainda temos uma boa parcela de inabilidade e ignorância, o que não é nenhum demérito. Isso não nos diminui, pois o erro não nos define. O erro é apenas uma fotografia que retrata nossa condição num determinado momento da existência, mas que não define aquilo em que poderemos nos transformar segundos depois.

Depois de passarmos pela porta da humildade (ufa, já fizemos um grande avanço!), estaremos diante da porta da inteligência. E não nos será exigido qualquer conhecimento acadêmico – basta a reflexão sobre o que aprendemos com nossos erros. A maioria de nós costuma apenas ficar se remoendo em culpas pelos equívocos cometidos. Não adianta muito, pois a culpa costuma nos deixar na prisão. Jesus afirmou que a verdade nos liberta. Então, qual é a verdade sobre o nosso erro, o que nos levou a cometê-lo, que motivações internas tivemos para agir daquela forma? Não são perguntas tão fáceis de serem respondidas, pois exigem certa introspecção, mas são fundamentais, porque funcionam como uma endoscopia da alma, sem a qual ficaremos sem o diagnóstico dos nossos males e, portanto, sem as chances de cura. No autoconhecimento, está a chave que nos liberta dos problemas e nos faz progredir e melhorar nesta vida![73]

Quando deixamos a sonda mostrar o que carregamos por dentro, chegamos às mais diversas conclusões, sendo as mais comuns: agimos por imprudência, inexperiência, insegurança, desatenção, medo, inveja ou mesmo por falta de sensibilidade em relação ao outro. Aqui, eu fico com Chico Xavier: "Cada pessoa se encontra num grau de maturidade espiritual. Não creio que alguém aja deliberadamente no mal. Os nossos erros são oriundos de nossas limitações."[74]

Depois de olharmos para as pedras nas quais tropeçamos, estaremos mais atentos quando elas surgirem outra vez (e vão surgir!). E, quando isso acontecer, nós as identificaremos e teremos condições de nos desviar, pois já saberemos na carne que elas nos machucam. Essa é a terceira porta que nos põe definitivamente em liberdade! A porta da maturidade, que somente se abre quando nos decidimos a vencer as limitações que já nos levaram ao erro.

Talvez, uma tendência instintiva ainda queira repetir a experiência do erro, queira tropeçar na mesma pedra, porque, de alguma forma, algum tipo de prazer ainda obtemos. Isso é muito natural e até humano, eu diria. A natureza não dá

---

[73] Sugerimos a leitura das questões 919 e 919-a de *O Livro dos Espíritos*, de Allan Kardec, onde o tema do autoconhecimento foi abordado de forma magnífica.

[74] *Orações de Chico Xavier*, Carlos A. Baccelli, LEEP.

saltos. Mas, quando isso acontecer (e vai acontecer), façamos o esforço de nos lembrarmos das dores e desgostos que vêm depois que tropeçamos na pedra. Recordemos o que já sofremos e imaginemos o quanto sofreremos novamente! E, diante da pedra de tropeço, nos perguntemos: Vale a pena sofrer outra vez? Vale a pena não crescer?

A vida não recompensa os amadores...

Velcro ou teflon?

Informamo-nos a respeito da força mental no aprendizado mundano, mas esquecemos que toda a nossa energia, nesse particular, tem sido empregada por nós, em milênios sucessivos, nas criações mentais destrutivas ou prejudiciais a nós mesmos.

VENERANDA, ESPÍRITO[75]

O pensamento é força criadora! Conforme o seu uso, podemos nos beneficiar ou prejudicar. Nossos pensamentos habituais definem nossas emoções. Se tivermos um pensamento negativo, iremos ter uma emoção negativa (que nada mais é do que uma energia negativa), que, por sua vez, irá influenciar no tipo de atitude que tomaremos perante a vida.

Um exemplo: se você tem um pensamento contínuo de que é incapaz, isso mudará o seu estado emocional e, então, irá se sentir abatido, fracassado, sem ânimo para persistir

---

[75] *Nosso Lar*, pelo Espírito André Luiz, psicografia de Francisco Cândido Xavier, FEB.

naquilo em que você se julga incompetente. Esse sentimento também se projetará para o próprio corpo, que se mostrará prostrado e sem forças para que você realize suas ocupações habituais. E tudo isso terá começado com um simples pensamento a que demos crédito.

A lição espiritual que citamos no início deste capítulo chama a atenção para as nossas criações mentais destrutivas, isto é, aquelas que estão prejudicando a nossa vida. O Dr. David D. Burns, psiquiatra, elaborou uma lista com exemplos de pensamentos autodestrutivos. São eles:

> *Não vale a pena fazer nada.*
> *Estou sem disposição.*
> *Provavelmente não vou conseguir, se tentar.*
> *Isso é difícil demais.*
> *De qualquer jeito, eu não iria ganhar nada se fizesse alguma coisa.*
> *Eu nunca faço nada direito.*
> *Vou fazer papel de bobo.*
> *Todos vão me olhar com desprezo.*
> *Isso mostra que sou um idiota.*"[76]

Os pensamentos autodestrutivos, frequentemente, são frutos de uma distorção! Fazemos uma interpretação negativa de uma determinada ocorrência e, a partir dela, generalizamos para todas as demais situações da nossa vida. Só porque, um dia, não nos saímos bem numa prova, por exemplo, nos colocamos o rótulo de eternos incompetentes e, a partir de então, nossa mente passa a se apoiar naquele pensamento

---

76 *Antidepressão, a revolucionária terapia do bem-estar*, Cienbook.

autodestrutivo, levando nossa vida para o fracasso. Que tal corrigirmos os nossos pensamentos distorcidos, que tal sermos mais leves, menos cobradores implacáveis? Reinterpretemos os insucessos como simples aprendizados!

O mais importante, porém, é observarmos que, se nós temos sido vítimas de nossas criações mentais destrutivas, chegou a hora de mudarmos a estratégia e apostarmos em criações mentais construtivas e positivas. E hoje a neurociência vem demonstrando como o cérebro é capaz de se moldar nas situações em que a mente se apoia. O Dr. Rick Hanson, neuropsicólogo, afirma: "Se você apoiar sua mente na autocrítica, nas preocupações, na ranzinzice com os outros, na dor e no estresse, então sua mente será mais reativa, vulnerável à ansiedade e à depressão, concentrando-se nas ameaças e nas perdas e ficando predisposta à raiva, à tristeza e à culpa. Por outro lado, se apoiá-la em acontecimentos e situações favoráveis (alguém foi legal com você, você tem um teto onde morar), em sensações agradáveis, nas coisas que você consegue, de fato, realizar, nos prazeres físicos, em suas boas intenções e qualidades, então seu cérebro assumirá uma forma diferente com o passar do tempo, incorporando força e resiliência, bem como uma perspectiva realisticamente otimista, um humor positivo e um senso de merecimento."[77]

Até agora, o nosso cérebro tem sido velcro para coisas negativas e teflon para as positivas. Chegou então a hora de cultivarmos flores no jardim da nossa mente, como afirma

---
77 *O cérebro e a felicidade*, Martins Fontes.

o Dr. Hanson! Isso quer dizer que, a partir de agora, teremos que tirar os espinhos dos pensamentos negativos e plantar diariamente as flores da positividade, daquilo que nos faz bem, do que nos alegra, do que nos traz paz, do que nos faz sentir encorajados e motivados para a vida, do que faz nosso amor brotar!

A voz da doença

O bom do câncer é que ele fala com frases curtas. Ouço com atenção quando o maligno sussurra: Dê parabéns a si mesma. Segure sua mão por mais um momento. Abrace. Compre o que quer comprar. Diga o que tem a dizer. Toque em quem tiver vontade. Beije. Sorria. Grite. Gargalhe. Chore. Divirta-se. Viva.

PATSY BARRINEAU[78]

Toda doença é portadora de uma mensagem vinda do inconsciente para o consciente, dos porões secretos da nossa alma, que havia muito tempo não eram visitados, para os jardins existentes na superfície da nossa vida. O que estava oculto e ignorado passa, então, a se tornar visível.

Se, no palco de um teatro, se representa uma tragédia, não é o palco que é trágico, e, sim, a peça teatral. A doença é o

---

78 Apud *Viver Bem apesar de tudo*, Bernie Siegel, Summus Editorial.

enredo da nossa vida, que se desequilibrou por alguma razão, e o corpo é apenas o palco onde o enredo se apresenta.[79]

Quando se recebe o diagnóstico de uma doença, recebemos com ele uma carta do nosso corpo informando o propósito da enfermidade em nossa vida. Fiquemos tranquilos, porque é uma carta amorosa. Não tem acusações contra nós, muito menos notícias de que estamos sendo punidos com a enfermidade por conta das nossas imperfeições. Não, nada disso!

Doença não é castigo divino! Deus não usa de tais expedientes cruéis, afinal, isso não combina com Ele. Deus é amor, e, nesse contexto, a doença é uma informação que nos chega sinalizando que a nossa peça teatral precisa de algumas adaptações em seu roteiro. Precisamos de alguma mudança de atitude para uma vida mais feliz. É claro que, por vezes, essa informação nos chega com dores, cirurgias, dietas, remédios, incômodos, internações. Mas de que outra forma acordaríamos para as verdades que chegam do nosso mundo interior, se vivemos tão cegos e surdos para as realidades da nossa alma?

A carta somente nos pede um olhar amoroso e atento para nós mesmos. Esse é o propósito da enfermidade: olharmos para o nosso interior, com todo o amor que nos for possível, e descobrirmos o que a sabedoria divina está tentando nos fazer entender sobre nós mesmos.

---

[79] Esse conceito foi muito bem desenvolvido pelos Doutores Rüdiger Danlke (médico) e T. Dethlefsen (psicólogo), na obra *A Doença como Caminho*, Editora Cultrix.

Na citação feita no início deste capítulo, Patsy descobriu que o câncer queria libertá-la de uma vida aprisionada, uma vida em que seus desejos e sentimentos não poderiam ser expressos. Por isso, a doença lhe dizia para que ela se amasse, que respeitasse suas vontades, que não tivesse medo de ser quem ela era, que expressasse seu jeito de ser, sem medo ou vergonha. Que pudesse gargalhar quando tivesse vontade, que chorasse quando as lágrimas brotassem em seus olhos e que também despertasse amor nas pessoas. Percebe-se que a doença foi a mensageira da vida para Patsy, a vida que ela não estava vivendo quando se imaginava saudável.

A doença apenas deseja provocar uma reconciliação com a nossa essência mais bonita, com o nosso eu divino, o deus que mora dentro da gente na feição de uma criança linda e adorável. Tome as mãos dessa criança, que, talvez, esteja com medo, assustada ou se sentindo não amada. Mostre a ela o seu amor, encoste-a em seu peito, diga-lhe que agora está tudo bem, que não há mais perigo, que ela pode brincar, ser ela mesma, rir, correr pelos campos da vida, realizar seus sonhos, viver em paz...

Um dia, a nossa peça vai acabar, inevitavelmente. Mas isso não nos tira o encanto da vida, e, quando ela chegar ao fim, que seja um *gran finale*!

Sabedoria do bem viver

Quando a situação for boa, desfrute-a. Quando a situação for ruim, transforme-a. Quando a situação não puder ser transformada, transforme-se.

VIKTOR FRANKL[80]

Todos nós passamos por três espécies de situações na vida: as boas, as ruins e as que não podem ser modificadas. Precisamos ter sabedoria para viver cada uma dessas experiências, tirando o ensinamento e proveito que elas nos propiciam. E o psiquiatra Viktor Frankl nos ajuda a entender isso muito bem.

Nas situações boas, ele nos recomenda desfrutá-las. Parece óbvio o conselho, mas não é. Nem sempre nos damos conta de que estamos passando por um momento bom na vida, porque, invariavelmente, não costumamos perceber as pequenas felicidades que nos visitam todos os dias. No di-

---

80 http://pensador.uol.co m.br/autor/viktor_frankl/ - acesso em 27/01/2016.

zer de Leila Ferreira: "Na vida real, o que existe é uma felicidade homeopática, distribuída em conta-gotas. Um pôr do sol aqui, um beijo ali, uma xícara de café recém-coado, um livro que a gente não consegue fechar, um homem que nos faz sonhar, uma amiga que nos faz rir..."[81]

Desatentos para essas pequenas felicidades, ficamos à espera daquela felicidade superlativa, apoteótica, típica dos contos de fadas, e nos julgamos infelizes enquanto esses grandes acontecimentos não aparecem, se é que virão algum dia. Estejamos atentos aos bons momentos da nossa existência, sabendo que, quase sempre, eles estão disfarçados nas pequenas coisas do cotidiano e, muitas vezes, entremeados com outros momentos desagradáveis. No meio de uma tempestade de problemas, você pode fazer uma pausa para tomar um café, conversar com um amigo, lembrar-se das coisas que vão bem na sua vida, saber que tem um lar para voltar, uma cama para dormir, alguém para abraçar e uma esperança para viver.

Quando a situação for ruim, transforme-a, eis a proposta de Frankl. Nós viemos a este mundo não apenas para desfrutar um paraíso, mas, sobretudo, para construí-lo. Na Terra, temos muitos problemas, pessoais e coletivos, e Deus deu a cada um de nós a missão de construir as soluções para as dificuldades que nos envolvem. As barreiras que surgem em nosso caminho nos estimulam a trabalhar mais, a estudar mais, a ter mais coragem, perseverança, criatividade e determinação. Enfim, nos tornamos pessoas melhores quando transformamos em ponte o que antes era um muro, e a constatação de termos virado a mesa, de termos mudado o placar desfavo-

---
81 *Felicidade: menos, por favor*, Principium.

rável, de termos transformado o obstáculo em trampolim é uma das sensações mais inebriantes da nossa vida!

E, quando a situação não puder ser transformada, a sabedoria está em nos transformarmos. Não vamos conseguir mudar uma pessoa, mas podemos mudar o jeito de lidar com ela. Se você tem uma pedra que não pode ser removida, pare de brigar com a pedra e aprenda a contorná-la! Você não pode evitar uma tempestade, mas pode abrir o guarda-chuva. Quando estivermos diante de uma situação intransponível, tenhamos a certeza de que Deus está querendo mudar a vida da gente.

Durante a noite escura

Se a tristeza e o desânimo te procuram, acende a lanterna da coragem e resiste ao sopro frio do desalento, prosseguindo no trabalho que a vida te confiou.

EMMANUEL[82]

Tristeza e desânimo são sentimentos humanos que, normalmente, acometem todos nós. Ninguém vive sem experimentar algum tipo de frustração! As coisas nem sempre correrão como queremos, nem sempre teremos tudo o que almejamos. E, quando temos nossas expectativas frustradas, em regra, a tristeza e o desânimo nos visitam.

Não vejamos tais sentimentos como negativos e nem nos apressemos em afastá-los de nós sem, antes, entendê-los, senti-los. Eles nos humanizam! Tenhamos medo dos que são sempre alegres. A tristeza, quando existe razão para ela, é um sentimento bonito, porque é uma lágrima derramada sobre a

---

[82] *Paz e Libertação*, psicografia de Francisco Cândido Xavier, CEU Editora.

precariedade humana. A mãe que chora ao arrumar o quarto do filho que partiu está triste. Ela chora o amor que se fez distante. É uma tristeza saudável, faz bem à alma, alivia, faz sentir a beleza do amor dentro de nós, apesar da separação. Essa tristeza nos fará compreender melhor a tristeza do outro, aproximando os homens em suas vulnerabilidades.

A tristeza se torna patológica e, por isso, deve ser tratada, quando ela, de simples visitante, passa a morar conosco indefinidamente, ensombrando os nossos dias. Estar sempre triste e ver tristeza em tudo também é um perigo, pois faz nossa alma descer aos porões da depressão. E, quando nos acomodamos nos cantos escuros da tristeza, passamos a namorar a morte, deixando de lado a taça da vida, que deveríamos sorver até o fim. Essa é a pior tristeza do mundo, pois no dizer do poeta Emilio Moura: "Viver não dói. O que dói é a vida que se não vive. Tanto mais bela sonhada, quanto mais triste perdida."[83]

Essa tristeza doentia se cura com aceitação. Aceitar que a vida tem limites, tem frustrações, aceitar os "nãos" da vida, aceitar um mundo imperfeito, feito de gente imperfeita, como nós. É preciso relativizar as ocorrências funestas. Elas são passageiras, são como as nuvens escuras que flutuam no céu: vêm, atemorizam, mas passam. Impossível detê-las! O que nos resta fazer é proteger-nos da tempestade que elas provocam, e esperar o aguaceiro passar. Isso traz aceitação da vida do jeito que ela é, e não do modo como gostaríamos que ela fosse.

---

83 http://pensador.uol.com.br/autor/emilio_moura/ - acesso em 07/08/2016.

A aceitação que cura a tristeza patológica não é uma aceitação passiva, inerte. É uma aceitação que nos faz viver ativamente, dentro das possibilidades e limites que a vida nos apresenta. A Espiritualidade nos fala sobre a importância de acendermos a lanterna da coragem, a fim de que ela ilumine a noite escura da nossa vida. Todo viajante tem a sua noite escura. É preciso atravessá-la para que a aurora de um novo dia chegue de mansinho.

Não posso ficar triste porque o dia está chuvoso. Porque há dias em que chove, como há dias de sol. Há dias de sucesso, como há dias de fracasso. A tristeza patológica talvez esteja vinculada a um comportamento infantil de querer que a vida sempre gire em torno de nossos desejos. É preciso amadurecer, entender que nós giramos em torno da vida, e, para tanto, é preciso continuar andando, colhendo da vida as flores, as músicas, as amizades, a beleza, percorrendo novos caminhos, descobrindo novos mistérios, deslumbrando-se com novos encantamentos, pois, como escreveu Rubem Alves: "As flores dos flamboyants, dentro de poucos dias, terão caído. Assim é a vida. É preciso viver enquanto a chama do amor está queimando."[84]

---

84 *Rubem Alves essencial*, Planeta.

Hipoglicemia

A agressividade é uma fraqueza, a cólera é uma fraqueza, a própria violência, quando já não é dominada, é uma fraqueza. E o que pode dominar a violência, a cólera, a agressividade, senão a doçura? A doçura é uma força, por isso é uma virtude.

ANDRÉ COMTE-SPONVILLE[85]

O mundo está hipoglicêmico. Nossa vida, provavelmente, está assim também. Se, frequentemente, estamos amargos, indelicados, ásperos, coléricos e agressivos, são sintomas marcantes de que nos está faltando doçura. E isso deveria nos preocupar, porque os sintomas dessa hipoglicemia afetam todos os níveis da nossa vida, desde a saúde até os relacionamentos.

Muitas vezes, fomos ensinados que o mundo é dos fortes, dos espertos, dos que devem levar vantagem em tudo, seja a que preço for, e, com isso, acabamos adotando um modo de viver

---

85 *Pequeno Tratado das Grandes Virtudes*, Martins Fontes.

pautado pela agressividade, pela violência e pela cólera quando os nossos interesses são contrariados. A humanidade tem pago um preço muito alto vivendo dessa forma. Milhares de pessoas mortas em guerras e conflitos raciais e religiosos!

Mais perto de nós, vemos também a hipoglicemia se manifestar nos lares, no trânsito das grandes cidades, nas filas de estabelecimentos comerciais, no transporte público e nos ambientes de estudo e trabalho. Parece que o homem ficou com medo do próprio homem e vive se defendendo a todo instante, agredindo, ferindo, azedando-se!

Mostrar sentimentos nobres seria, então, dentro dessa concepção equivocada, um sinal de fraqueza, sobretudo para os homens. Acredita-se que a doçura é uma virtude essencialmente para mulheres, porque um homem doce não seria tão homem assim. Creio, contudo, que as mulheres não pensem assim, pois a doçura não faz com que o homem deixe de ser másculo, apenas faz com ele deixe de ser bruto!

A doçura, portanto, para qualquer pessoa, não deve ser interpretada como um sinal de fraqueza. Ao contrário, é preciso ser muito forte para ser doce, num mundo em que ser agressivo, indelicado e grosseiro está virando rotina. A doçura é a virtude que primeiramente nos humaniza, pois, segundo Sponville, ela é uma coragem sem violência, uma força sem dureza, um amor sem cólera.[86] Quando falamos de doçura, falamos de meiguice, ternura, brandura, suavidade e delicadeza. Eis o nosso açucareiro, pronto para usarmos a toda hora. Assim, a vida fica bem melhor de se viver: com açúcar, com afeto, e sem risco de nos tornarmos diabéticos!

---

86   Obra citada.

Tudo novo

Eis que faço novas todas as coisas.
APOCALIPSE[87]

Há fases da nossa vida em que os problemas surgem agigantados, como se estivéssemos num grande terremoto, em que tudo está desmoronando. É a notícia de uma doença grave, o rompimento inesperado do relacionamento, a morte de pessoa querida, o desastre financeiro, a traição do melhor amigo...

Nessas horas, mesmo sentindo o peso da situação, vamos nos lembrar dessa revelação que Jesus fez no *Livro do Apocalipse* e que mencionamos no início deste capítulo: "Eis que faço novas todas as coisas."

Todo e qualquer problema acaba trazendo uma situação de ruptura, maior ou menor, de acordo com a dimensão da dificuldade. Mas é uma ruptura necessária para que algo me-

---
[87] Apocalipse: 21, 5.

lhor surja, pois, de todo mal, sempre surge uma nova porta para o bem. Embora toda mudança acabe gerando desconforto, é preciso entender que, sem algum tipo de incômodo, dificilmente o homem deixaria a sua zona de conforto, mesmo que esse aparente conforto esteja lhe causando algum mal.

O fumante tem prazer no cigarro. Mesmo conhecendo os malefícios do tabaco, continua fumando, porque, aparentemente, o corpo funciona a contento, apesar do vício. Mas, quando a doença pulmonar ou cardíaca se apresenta no organismo, o tabagista se sente impelido a abandonar o cigarro, pois, do contrário, poderá se encontrar com a morte antes do tempo. Isso seria um castigo para ele? Absolutamente, não! Apenas a sabedoria divina desejando fazer novas todas as coisas, isto é, estimulá-lo a abandonar o vício e tornar-se saudável.

Vejamos o caso das cobras, que, de tempos em tempos, trocam de pele. Elas precisam passar por esse processo porque elas crescem e a pele não estica. Então, é preciso trocar a pele, para o novo ciclo de vida do animal. Assim também se passa conosco. Em quase todos os obstáculos com que nos defrontamos, a vida está nos propondo mudanças, rupturas com certos padrões de comportamento que estão impedindo o nosso crescimento e nos tornando uma pessoa inferior àquela que já poderíamos ser.

Quando temos algum problema, certamente, estamos trocando de pele. Portanto, não basta pedir a Deus que nos livre do mal. Peçamos a Ele que nos ajude a nos transformarmos numa pessoa melhor, pois, assim, automaticamente, o mal nos deixará, a partir do momento em que nos tornarmos melhores, de quando assumirmos uma pele nova.

Perguntemos a Ele: Que pessoa nova precisa ressurgir das cinzas? Que versão atualizada precisa ser lançada? O que está velho em nós? O que já está caduco? O que já desbotou? Que roupa rasgada precisamos jogar fora? Que aspecto negativo em nós precisa ser transformado?

O mundo só muda quando nós mudamos, e, quanto mais rápido trocarmos a pele, tudo em nós será novo e bom!

Retrovisor

*É você que ama o passado e que não vê
que o novo sempre vem.*

BELCHIOR[88]

Nossa relação com o passado pode ser saudável ou doentia. E isso está influenciando a nossa vida de agora. Portanto, é bom refletirmos sobre o assunto.

O passado compõe a nossa história e, por certo, nele vamos encontrar um somatório de experiências diversas, desde as mais felizes até as mais amargas. Todos já tivemos momentos de profunda alegria, como também passamos por ocasiões de intensa tristeza. Tivemos instantes em que a vida nos sorria e tudo fluía com leveza, seguindo-se outros com nuvens carregadas de aflição e percalços variados. Inobstante a diversidade de experiências, muitas vezes, somos tentados a focalizar somente os momentos difíceis que atravessamos, momentos

---

88 Trecho da canção "Como nossos pais".

que, geralmente, já terminaram, mas que continuam reverberando dentro de nós, por vontade própria, vontade de quem não quer deixar o passado passar. Esse é o olhar doentio, o olhar que nos faz sofrer.

Gosto de pensar no passado comparando-o com o espelho retrovisor do automóvel. Vez ou outra, olhamos para o retrovisor, para dirigir com mais segurança, dependendo da manobra que desejamos realizar. Não podemos, porém, dirigir com o olhar fixo no retrovisor, pois, do contrário, fatalmente provocaremos alguma colisão, porque estaremos sem a visão do que se passa à nossa frente. A vida é o nosso carro. É preciso estar atento ao que se passa à nossa volta e andar para frente. De quando em vez, poderemos olhar para o retrovisor do passado para recordar as experiências boas e aprender com os revezes sofridos. Nada mais!

Mas, quando nos fixamos no retrovisor, apegando-nos às dores passadas, construímos um personagem que sofreu a vida toda, quando, na verdade, o personagem também teve momentos de alegria, ao lado de experiências dolorosas, tal qual ocorre a qualquer ser humano. Tudo leva a crer que, assim agindo, desejamos nos sentir pessoas especiais, pela carga de sofrimento que mostramos aos outros. Desta forma, contaminamos todo o nosso presente com o lixo que não foi jogado fora. Esse lixo, por sua vez, traz doença, miséria e dificuldade de estabelecermos relações afetivas saudáveis, afinal, todos desejamos nos relacionar com pessoas agradáveis, isto é, pessoas que nos tragam algo de bom, pessoas leves e que nos inspirem sentimentos bonitos.

Devemos, pois, nos sentir especiais pela exuberância das nossas virtudes, e não pela exposição pública dos nossos traumas, complexos e assuntos mal resolvidos. Enquanto ficarmos engolindo comida de ontem, a vida fica indigesta, sendo impossível pensarmos em coisas novas, amores novos, saúde nova, enfim, vida nova. Há quem diga que as pessoas felizes não são boas de memória. Elas não ficam remoendo o que passou, esquecem logo o dissabor e continuam suas vidas absolutamente voltadas para as possibilidades do agora, da riqueza do momento presente.

Um olhar saudável sobre o passado é aquele que enxerga, tanto nas flores como nos espinhos, a sementeira de um novo jardim florido, que hoje podemos construir.

Limpar a fonte

Não é a sua vida que vai mal. É a sua alma.
RUBEM ALVES[89]

O mundo exterior é um reflexo do nosso mundo interior. O corpo é reflexo da alma, as nossas doenças falam mais de nós mesmos do que qualquer outro discurso. Nosso equívoco é querer consertar por fora o que está errado por dentro. Queremos mudar a vida sem mudar a nós mesmos. Nós somos a causa de quase tudo o que ocorre em nossa vida. Somos a origem do bem ou do mal que está conosco. Certamente, não é muito agradável admitir isso, porque será sempre mais cômodo culpar os outros. Todavia, não assumir a própria responsabilidade pelo que nos acontece é uma forma infantil de viver e que não nos leva ao crescimento a que a vida nos instiga, através dos incômodos chamados "problemas".

---

89   *Concerto para corpo e alma*, Papirus.

Disse Jesus: "Conhecereis a verdade e a verdade vos libertará."[90] Qual seria a verdade sobre o nosso sofrimento? Cada um deve se fazer essa pergunta e respondê-la com toda a honestidade. Os verdadeiros males procedem do coração, isto quer dizer, o mal vem do nosso mundo íntimo e contamina toda a nossa vida. Tomar consciência do que vai mal dentro da gente é o primeiro passo para as grandes transformações!

O coração é a fonte da vida, e a nossa fonte pode estar contaminada pela raiva, medo, ou tristeza. Essas três emoções básicas afetam todos os níveis da nossa existência, desde a nossa saúde, os nossos relacionamentos e até a nossa prosperidade. Por isso, interpretando o Rubem, quando a nossa alma vai mal, a nossa vida vai junto.

Precisamos limpar a fonte! Procuremos entender o que estamos sentindo. Por que estamos tristes? De onde vem o medo? Por que essa raiva? Acolhamos esses sentimentos com aceitação, sem combate. Entendamos que eles estão mostrando algo de nós, algo que não vai bem, a fim de que nos conheçamos melhor e possamos tratar nossas feridas.

Se nos sentimos feridos interiormente, por certo, não estamos felizes, e acabaremos ferindo os outros também e sendo vítimas de novos ataques. O que cura um ferimento emocional é o amor. O amor cicatriza feridas, porque aquele que ama não se agride, não é cruel consigo e nem se abandona. O amor nos estimula a tomarmos conta de nós mesmos, não ficando à mercê da comiseração alheia ou da maldade dos outros. Como diz William Shakespeare, em *Henrique V*: "O amor por si mesmo, meu soberano, não é um pecado tão vil

---

[90] João: 8, 32.

quanto a autonegligência."[91] Não raras vezes, estamos sendo negligentes, ao permitirmos que sentimentos tão ruins permaneçam indefinidamente conosco, estragando a nossa vida. Sem meias palavras, isso é falta de amor para com nós mesmos!

Amar é crescer, limpar as feridas inevitáveis da vida, e seguir em frente, na construção de um "eu" melhor.

Assim, a alma fica bem, e a vida, ainda melhor!

---

91 Apud *Você pode curar a si mesmo*, Dra. Julie Silver, Cultrix.

A bela e a fera

Trate você mesmo como um amigo querido. Uma das melhores coisas que você pode fazer é ser gentil consigo mesmo. Isso significa não ser crítico demais a respeito do seu humor. Todo mundo tem 'dias ruins'.

DRA. JULIE SILVER[92]

Procuremos viver bem conosco. Se não fizermos isso, dificilmente seremos felizes e mais difícil ainda será vivermos bem com os outros, e, assim, nossa vida poderá se transformar num inferno. Cultivar sentimentos de culpa, autorrejeição e hostilidade em relação a nós mesmos criará uma indesejável divisão interior, e, a partir dela, essas duas partes – a aceitável e a inaceitável, a boa e a má – ficarão em luta constante. O nosso "lado bom" desejará combater o "lado mau", e, nessa insana guerra interior, o único perdedor seremos nós mesmos.

---

92 *Você pode curar a si mesmo*, Cultrix.

Isso porque somos um todo indivisível, não temos lados, não temos partes, somos únicos, embora complexos. Não precisamos de ataques internos; precisamos de acordos internos. Não precisamos de condenação, mas, sim, de compreensão. Nossa "sombra" não deve ser reprimida; antes, sim, precisa ser iluminada.

Nada de combater a nossa fera interior! Por que não a compreendermos, antes? Por que não a amarmos? Jesus não pediu para amarmos os nossos adversários? Então, por que vamos nos odiar em razão de ainda manifestarmos aspectos que não são tão nobres e belos? Se jogarmos ácido numa ferida, ela, porventura, cicatrizará? Quando passou pela Terra, Jesus nunca nos pediu que julgássemos e feríssemos as pessoas, e isso se aplica a nós mesmos. Ele apenas pediu que amássemos, sobretudo os nossos opostos. Porque a cura se estabelece quando nós unimos o que está separado, quando nós juntamos os pedacinhos que estão escondidos debaixo do tapete, quando nós guardamos a espada para não sermos mortos por ela, como afirmou Jesus.

No clássico filme "A Bela e a Fera", não se vê uma luta entre o bem e o mal. A Bela não foge da Fera, nem o maltrata. Antes, desperta nela sentimentos sublimes, e a Fera, em vez de devorá-la, passa a tratar a Bela como uma princesa. No final, a Bela percebe que ama a Fera e declara seu amor a ela, e, nesse mágico momento, a Fera se transforma num lindo príncipe, quebrando o encanto que o condenara a viver como fera até o dia em que conseguisse se casar com uma donzela.

Conosco também moram a Bela e a Fera. Só o amor fará com que as duas se unam, tornando-se uma só alma, integrada pelos opostos que não mais se separam, apenas se somam!

Desesperar, jamais

Em minhas preces de todo o dia, sempre peço coragem e paciência – coragem, para continuar superando as dificuldades do caminho e paciência, para não me entregar ao desânimo diante das minhas fraquezas.

Chico Xavier[93]

Coragem e paciência. Duas virtudes que se completam e que, mais do que tudo, nos ajudam a viver melhor.

Precisamos de coragem para superar as dificuldades do caminho, afirmou Chico Xavier. Surgido o obstáculo, o medo pode aparecer e nos imobilizar. Só a coragem nos faz agir, apesar do medo. Ser corajoso não significa que não tenhamos medo, apenas quer dizer que nossa valentia supera a covardia. A coragem está ligada ao nosso instinto de conservação, pois, muitas vezes, se não agirmos diante de alguma ameaça, a nossa vida poderá ser comprometida. O filósofo Nietzsche afirmou: "Aquele que tem um porquê para viver pode enfrentar quase todos os comos."[94]

---

93 *Orações de Chico Xavier*, Carlos A. Baccelli, LEEP.
94 http://pensador.uol.com.br/frase/NjYxOTk4/ - acesso em 27/07/2016.

Tenho visto alguns exemplos de casais que estavam passando por uma fase de apatia perante a vida, cheios de problemas financeiros que não se desenrolavam, mais por falta de atitudes do que por qualquer outra coisa. Inesperadamente, surpreendem-se com a constatação de que a esposa está grávida. E, diante do filho que virá ao mundo, eles são tomados de uma coragem tal, que começam a enfrentar as dificuldades com garra, confiança e determinação, desatando os nós que, antes, pareciam insolúveis. Eles passaram a ter um "porquê" para lutar bravamente pelo filho que estava por chegar.

A coragem se apoia em nossos "porquês". Procuremos nos lembrar sempre disso, pois, a partir dessa conexão com as nossas motivações, seremos capazes de grandes realizações.

Diz o apóstolo Paulo que Deus não nos deu espírito de temor, mas de poder, amor e moderação.[95] Portanto, Deus nos criou com um espírito de fortaleza, de coragem, embora nem sempre acreditemos nisso. Falta-nos fé em nossas capacidades, razão pela qual nos acovardamos perante os desafios que surgem em nossa vida não para nos derrotar, mas para nos permitir conhecer o quanto somos capazes de realizar muito mais do que supomos.

A Terra é considerada pelos Espíritos de Luz um mundo de provas, isto é, um mundo de testes, de experimentação dos potenciais divinos que cada um traz dentro de si. Evidentemente que todo esse potencial está "adormecido" dentro de nós. Por isso é que o mundo terreno é cheio de obstáculos, porque isso faz com que cada um se veja estimulado a buscar interiormente forças e capacidades até então desconhecidas,

---

95   2 Timóteo: 1, 7.

com vistas à superação dos desafios da vida. Nenhum problema surge em nosso caminho sem que tenhamos a respectiva força e capacidade para equacioná-lo. Aliás, o problema está em nossa vida exatamente para despertar o gigante adormecido dentro de nós. Reconhecer isso nos enche de coragem para aprender, lutar, perseverar e seguir adiante, até a vitória.

Chico Xavier também fala da necessária paciência para não desanimarmos diante das nossas fraquezas. Humanos que somos, ainda temos pontos vulneráveis, que precisam de aceitação e paciência. Não entremos em guerra interior por conta deles, nem nos desanimemos tanto quando eles se evidenciarem. Certamente, ninguém se condenaria se nascesse com uma deficiência física. Então, por que vamos nos condenar se ainda temos alguma deficiência espiritual? Não vamos eliminar essa deficiência à custa de agressões íntimas. Segundo o Evangelho, é o amor que cobre a multidão dos nossos erros. Desanimar é humano, mas só se for por alguns minutinhos. Enquanto eles passam rapidamente, vamos exorcizar o desânimo, cantando com o Ivan Lins:

Desesperar jamais
Aprendemos muito nesses anos
Afinal de contas não tem cabimento
Entregar o jogo no primeiro tempo
Nada de correr da raia
Nada de morrer na praia
Nada, nada! Nada de esquecer...[96]

---

96 Trecho da Canção "Desesperar Jamais".

Presença de Deus

Ora em silêncio e confia em Deus, esperando pela Divina Providência, porque Deus tem estradas, onde o mundo não tem caminhos.

MEIMEI[97]

Evitemos o desespero, porta aberta para males sem conta. Embora haja momentos na vida em que nos sentimos presos num cárcere sem portas, lembremos que Deus tem sempre uma saída para nós.

A oração será o primeiro recurso capaz de nos tirar da angústia. Mas não oremos com desespero. Oremos com confiança em Deus, oremos com esperança de um filho que sabe que seu pai não está ausente e fará o melhor por nós. Como escreveu o apóstolo Paulo: "Pois sabemos que em todas as coisas Deus trabalha para o bem daqueles que o amam..."[98]

---

97 *Amizade*, psicografia de Francisco Cândido Xavier, IDEAL.
98 Romanos: 8, 28.

Tenhamos a certeza de que, mesmo numa situação adversa, Deus está trabalhando para o nosso bem.

Muitas vezes, a vida precisa nos virar do avesso para que possamos enxergar direito algumas coisas. Outras tantas, a vida fecha todos os nossos caminhos, para que encontremos outros nunca imaginados, porque estávamos percorrendo atalhos que nos levariam à derrocada sem volta.

Quando tudo estiver em ruínas, vamos orar em silêncio, orar reconhecendo a nossa impotência para sair do buraco onde caímos, orar nos rendendo às razões silenciosas de Deus, que sabe mais do que nós, que enxerga além da nossa estreita visão, é que, por nos amar, sabe por qual caminho será melhor seguir. É preciso nos rendermos a Deus como aquele prisioneiro que, não tendo como fugir, se entrega às autoridades. É nessas horas que faz todo o sentido o que dizemos, muitas vezes sem pensar, na oração do Pai Nosso: "Senhor, seja feita a sua vontade."

E a vontade de Deus é sempre boa para nós! Por isso, estejamos convencidos de que o Pai tem estradas onde o mundo não tem mais caminhos. Para toda dor haverá remédio, em todo labirinto haverá sempre uma saída. Depois de cada despedida, haverá sempre um reencontro. Após o erro, sempre surgirá o aprendizado. Até mesmo diante da morte, a eternidade se abrirá a uma nova vida. Depois de todo o fim, sempre haverá um recomeço.

Deus sempre nos mostrará as estradas que construiu para nós, e fará isso de mil formas diversas. Meditemos nessas palavras consoladoras de Emmanuel: "Por maiores se façam a dor que te visite, o golpe que te fira, a tribulação que te busque ou o sofrimento que te assalte, não esmoreças na fé e prossegues fiel às próprias obrigações, porque, se todo o bem te parece perdido, na fase da tarefa em que te encontras, guarda a certeza de que Deus está contigo, trabalhando no outro lado."[99]

Ore, trabalhe, confie e espere. Deus está vindo!

---

99   *Alma e Coração*, psicografia de Francisco Cândido Xavier, Pensamento.

O retorno

Depressa! Tragam a melhor roupa e vistam nele. Ponham nele um anel e sandálias. Também tragam e matem um bezerro gordo. Vamos começar a festejar, porque este meu filho estava morto e tornou a viver, estava perdido e foi achado.

JESUS[100]

Pode ser que estejamos atravessando um deserto de tribulações. Sem dinheiro, amigos, saúde, sem horizontes, sem saber nem mesmo para onde ir. Temos muito receio de nos mostrarmos aos outros, tamanha a nossa indigência. As culpas que carregamos nos envergonham sobremaneira, o fracasso parece ser nosso único e infamante troféu.

Jesus sabia que um dia iríamos nos sentir desse jeito! Ele sabia que um dia a gente se acharia autossuficiente, que nós viveríamos exclusivamente de aparências e superficialidades,

---

100 Lucas: 15, 22-24.

que, embora sendo espíritos, tomaríamos os bens da Terra como as conquistas mais importantes da nossa vida. Mas sempre chega o dia em que as condições terrenas se modificam. A vida material é uma gangorra. Dinheiro, sucesso, fama e poder se transformam do dia para a noite.

Sabendo disso é que Jesus contou a história do filho pródigo, o filho que se afastou do lar, tomou antecipadamente a sua parte na herança, a qual veio a perder levando uma vida equivocada. O filho se envergonha de ter dilapidado toda a fortuna do pai, sente um grande vazio interior quando não tem mais amigos, não tem mais o que comer e nem onde dormir. Talvez também estejamos nessa situação de completa falência pessoal.

Há uma saída, porém. O filho pródigo se arrepende da sua vida mundana e decide voltar para casa. Muitos poderiam imaginar que o pai não deveria receber o filho ingrato, insensato e dissoluto. O filho chega sujo, com roupas rasgadas, com os pés descalços e extremamente abatido. Mas o pai o recebe amorosamente. Nenhum sermão pronunciou. Ao contrário, Jesus narra que o pai recebe o filho com abraços e beijos. Manda que os empregados tragam vestes e sandálias novas e, ainda, ordena que uma grande festa seja feita pelo retorno do filho!

O simbolismo da parábola nos permite a interpretação de que o filho, ao se afastar da casa do pai, num gesto de rebeldia e cobiça, estava se afastando da sua essência divina. Houve uma desconexão entre o filho e o Pai, entre criatura e Criador, e, dessa forma, o filho passou a viver por conta própria, nutrindo-se, apenas, do elemento animal, instintivo, das sensações passageiras da matéria: prestígio, sexo, comida, bebida e, obviamente, falsas amizades. Sua ruptura com o Pai o deixou carente do alimento espiritual. Assim, quando seu dinheiro acabou, vieram a fome, o vazio interior, a doença, a solidão, a miséria e a saudade da casa do pai.

Andrei Moreira explica bem essa desconexão: "Quando o espírito se aparta do Pai e tenta burlar a lei, ele vive, naturalmente, o efeito da falta, da ausência do alimento afetivo e espiritual que lhe nutre o coração, a mente e a inspiração, encontrando a miséria moral e espiritual."[101]

Apartados de Deus, de suas leis e de seu amor, nenhum bem do mundo pode nos dar paz de espírito. Nenhuma glória terrena pode preencher as necessidades da nossa alma. Nenhum sexo pode nos dar amor. Nenhum dinheiro é capaz de nos dar riqueza de espírito. Nenhuma joia compra o coração de uma mulher. Sem que estejamos condenando os saudáveis prazeres do mundo (todos eles necessários, na sua justa medida), observamos que o equívoco do filho pródigo foi centralizar a sua vida no que é transitório, esquecendo-se da fonte que lhe nutre a alma de amor, beleza e afeto constantes. E essa fonte, que é Deus, está no coração de cada criatura.

O retorno do filho pródigo é a reconexão com o Pai, que, simplesmente, está aguardando a nossa volta para nos abraçar, beijar e festejar. Nosso retorno passa, primeiramente, pelo autoamor, acolhendo todas as nossas dores, lutas, sombras, conquistas e valores, recuperando a nossa dignidade de filhos de Deus em processo de crescimento. Depois, nos reconectamos com o amor fazendo as pazes com nossos irmãos, recon-

---
101 *Reconciliação*, AME Editora.

ciliando-nos com aqueles que se encontram distantes de nós por algum tipo de aversão. Finalmente, nossa reconexão se completa nas trilhas da caridade, pois, se o egoísmo é o que nos aparta de Deus, o amor é que nos une a Ele.

O coração de Deus é porta sempre aberta e aconchegante, mas não adianta ficar do lado de fora. É preciso entrar, mesmo de pés sujos e roupas rasgadas, mas com o desejo sincero de recomeçar. Assim, haverá uma grande festa em nossa vida!

A cura do mundo

Por que você está aqui? Por que você nasceu? Por que o mundo está como está? Qual a finalidade disso tudo? A resposta que espero é que estamos aqui para aprender a amar, para agir como verdadeiros anjos de guarda uns dos outros, para demonstrar amor e compaixão, para ajudar a crescer. Esta é a razão e o significado da vida.

DR. BERNIE SIEGEL[102]

Que respostas daríamos a essas perguntas do Dr. Siegel? Em algum momento da nossa caminhada, vamos precisar respondê-las, porque a vida vai parecer tão confusa, tão contraditória, tão caótica, que, sem ter clareza das questões essenciais da existência, vamos nos sentir num labirinto sem saída, sem esperança e sem razão para continuarmos a jornada. E nem mesmo a ausência de problemas pessoais poderá nos livrar do tédio existencial.

---

102 *Os Caminhos do Coração*, obra coletiva, organização de Richard Carlson e Benjamin Shield, Sextante.

Pedagogicamente, a primeira pergunta a ser respondida é: *Por que o mundo está como está?* A resposta dela nos levará às demais questões formuladas pelo Dr. Siegel. Vivemos num mundo predominantemente materialista e egocêntrico. Os principais sinais disso são as guerras, os atentados terroristas cada vez mais frequentes, as milhares de pessoas morrendo de fome e de doenças perfeitamente tratáveis. Somam-se a isso a intolerância racial e religiosa, os desajustes familiares sempre crescentes, a epidemia das drogas, a devastação da natureza, o crescente número de suicídios e o sentimento de solidão como queixa generalizada das pessoas. Em alguma medida, esses sinais refletem algo de nós mesmos.

Essa constatação nos levará, então, às respostas para as demais perguntas transcritas no início do capítulo. Renascemos para curar este mundo doente, a partir da nossa cura interior. E o remédio que pode nos curar é o amor. Amor envolve cuidado. O mundo precisa de cuidado, nós também. Cuidemos uns dos outros, sejamos anjos uns dos outros, pois todos nós somos pássaros feridos. Uma pessoa machucada tenderá a machucar outra, e, assim, sucessivamente. Por isso o mundo está doente, porque estamos nos ferindo.

Quando demonstramos amor, gentileza e compaixão, cicatrizamos muitas feridas. Eis a nossa mais importante missão no mundo! A cada pessoa curada, um mundo menos violento. A cada pessoa que é amada, um mundo mais benevolente.

Essa missão, porém, começa em nós mesmos. Cuidemos de nós, curemos as nossas feridas com os santos óleos do amor: do amor que aceita, acolhe, perdoa e nos transforma no melhor que podemos ser. Paremos de viver como pássaros feridos! Seja a nossa paz o melhor presente ao mundo. Ofereçamos beleza ao mundo, que anda tão feio. Mais arte. Mais encontro. Mais gentileza e cordialidade. Mais fraternidade e humanidade. Mais empatia e simpatia. Menos fofoca. Menos crítica. Menos rabugice, cara feia e imundície! Estamos aqui porque o mundo precisa do nosso amor!

E, quando falo em mundo, eu não estou me referindo a pessoas distantes da gente. Falo das pessoas da nossa família, do nosso trabalho, bairro e cidade. Falo do porteiro do nosso prédio. Da faxineira que limpa a nossa sala no trabalho e cujo nome, às vezes, nem procuramos saber. Por onde passarmos, deixemos um sinal do nosso amor cuidadoso. Só um sinal. Não é muito, mas, se faltar esse sinal, o mundo se tornará mais sombrio, entristecido.

Albert Camus, escritor francês, afirmou: "Enquanto as gerações precedentes sentiam o dever de refazer o mundo, a geração atual possui uma tarefa muito mais pesada, que consiste em impedir que o mundo se desfaça."[103]

Nós somos essa geração! Que linda missão recebemos de Deus! Curar o mundo, curando-nos!

---

[103] Apud *A cura do mundo*, Frédéric Lenoir, Edições Loyola.

Colírio

Sempre que atendi confissões olhei primeiro para mim mesmo, para os meus pecados, para minha necessidade de misericórdia e, assim, procurei perdoar muito.

PAPA FRANCISCO[104]

Antes de emitirmos qualquer julgamento, convém que olhemos para dentro de nós e verifiquemos a porção de terra suja que necessita ser varrida. É quase certo que a terra imunda que vemos nos outros e que nos faz condená-los seja a projeção do que se passa com nós mesmos e que ainda não tivemos a coragem de enxergar e admitir. Jesus nos faz uma pergunta incômoda, mas necessária para quem deseja ser coerente e viver melhor com seu próximo: "Como pode dizer ao seu irmão: deixe-me tirar esse cisco do seu olho, quando você tem um pedaço de madeira no seu próprio olho?"[105]

---

104 *O nome de Deus é Misericórdia*, Andrea Tornielli, Planeta.
105 Mateus: 7, 4.

O Papa Francisco teve essa coragem e admitiu publicamente que tem pedaços de madeira no seu próprio olho, mesmo sendo um dos maiores e mais respeitados líderes religiosos do mundo. Sua franqueza não o desmerece; ao contrário, o engrandece porque ele, vestido de humildade, se humaniza e nos estimula a seguirmos o seu exemplo.

Admitindo suas imperfeições, o Papa reconhece que precisa de misericórdia, que precisa do colírio de Deus para tirar a trave de seu olho. Esse colírio, porém, só é pingado quando nos tornamos misericordiosos com as imperfeições dos outros. Quando somos rigorosos e implacáveis, quando julgamos como se fôssemos puros e perfeitos, e, assim, não perdoamos, é da Lei de Deus que venhamos a ser julgados na mesma medida.

A propósito, relembremos essa fala também de Jesus: "Concilia-te depressa com o teu adversário, enquanto estás no caminho com ele, para que não aconteça que o adversário te entregue ao juiz, e o juiz te entregue ao oficial, e te encerrem na prisão. Em verdade te digo que de maneira nenhuma sairás dali enquanto não pagares o último ceitil."[106] Eu demorei a perceber que, na linguagem simbólica utilizada por Jesus, o "juiz" é a nossa consciência, e a "prisão", o campo fechado das experiências dolorosas repetidas, atreladas àquilo que não foi reconciliado.

Quando não nos reconciliamos com nossos adversários (seja perdoando quando somos as vítimas, seja pedindo perdão e reparação quando somos os que prejudicam), nosso juiz interno (consciência) acusa a desarmonia ante as leis divinas, porquanto tais leis estão gravadas em nossa própria

---
106 Mateus: 5, 25-26.

consciência.[107] A partir de então, nosso campo de energia se desequilibra e passa, à feição de poderoso imã, a atrair experiências similares àquela em que não buscamos a reconciliação.

Imaginemos a seguinte situação, bem corriqueira, por sinal: fomos caluniados por um colega de trabalho, que divulgou fatos inverídicos a nosso respeito. É admissível que, num primeiro momento, fiquemos ressentidos com ele. Mas, se esse ressentimento se torna crônico, porque não o perdoamos, e, a partir de então, passamos a emitir contra ele vibrações negativas, em forma de raiva e ódio, ou até mesmo engendrando algum tipo de vingança, a nossa consciência registrará que nos distanciamos do amor e do perdão. Consequentemente, como estamos distantes do amor e do perdão, nos tornamos vulneráveis aos sentimentos negativos que os outros endereçam contra nós por conta dos equívocos que todos nós acabamos cometendo pela vida.

Eu fico me perguntando quantos relacionamentos conflituosos de hoje têm origem em mágoas não perdoadas do passado! A mágoa crônica do pai que ainda não perdoei pode estar interferindo em meus relacionamentos afetivos de hoje, atraindo pessoas com o mesmo comportamento reprovável do meu genitor. Desse modo, perdoar o próximo é pedir perdão para si mesmo. Perdão traz liberdade! Não perdoar nos aprisiona no cárcere do sofrimento.

Façamos o que Jesus nos pede: olhemos primeiramente para nós mesmos antes de julgarmos quem quer que seja. É muito provável que estejamos iludidos quanto à nossa superioridade moral em relação àquele que julgamos. Pode-

---

107 *O Livro dos Espíritos*, Allan Kardec, questão n. 620.

mos não cometer os mesmos deslizes, mas temos sombras em outras áreas do nosso comportamento. Talvez não sejamos tão bons quanto imaginamos. Até mesmo Jesus afirmou que, bom mesmo, somente Deus, mais ninguém.[108]

Por isso, ainda repercute no ar aquela exclamação de Jesus diante da multidão que ansiava a punição da mulher adúltera: "Atire a primeira pedra aquele que estiver sem pecado."[109] Largar as pedras é um ato de sabedoria, humildade e paz. É permitir que Deus pingue o colírio da misericórdia em nossos olhos doentes!

---

108 Lucas: 15, 18.
109 João: 8, 7.

Passageiros

Somos todos visitantes deste tempo, deste lugar. Estamos só de passagem. O nosso objetivo é observar, aprender, crescer, amar. E, depois, vamos para casa.

PROVÉRBIO ABORÍGINE[110]

De onde vim? Para onde vou? Qual é a minha missão nesta vida? Três perguntas simples, cujas respostas podem fazer toda a diferença em nossa existência.

O espiritismo, como outras religiões, apregoa que somos passageiros na vida terrena, indicando que, embora estejamos aqui, não somos daqui, pois viemos do mundo espiritual e um dia a ele retornaremos. Nossa estada na Terra é provisória. Ganhamos um visto de entrada no planeta através da reencarnação, mas nosso passaporte tem prazo de validade. Embora ninguém saiba quando expira esse prazo, o certo é que, um

---

110 https://espiritismoeconhecimento.wordpress.com/ - acesso em 16/03/2016.

dia, teremos que devolver o passaporte e voltar para a nossa casa, o mundo dos espíritos.

Acredito fortemente que essa ideia, uma vez assimilada, nos propiciará uma viagem mais feliz nesta morada provisória. Haveremos de melhor aproveitar o tempo, não o desperdiçando com questões menores. Quando viajamos a passeio a um país desconhecido, onde permaneceremos por pouco tempo, procuramos admirar as belezas do local, conhecer os lugares históricos, aprender algo sobre a cultura daquele povo, estabelecer algum tipo de contato fraterno com os habitantes, enfim, vamos tirar proveito do melhor que o local tem a nos oferecer. Pois bem. Uma pesquisa do Conselho Nacional do Ministério Público concluiu que 83% dos homicídios em São Paulo são cometidos por impulso ou motivos fúteis, como "desentendimentos no trânsito, discussão na fila do banco, conflito entre vizinhos, ciúmes..." No Acre, esse número chegou a 100%![111] Quanta vida perdida por banalidade, quanta viagem desperdiçada por ninharia! Certamente, não figuramos nessas estatísticas de criminalidade, mas acredito que, se não matamos pessoas, estamos matando o nosso tempo, os nossos relacionamentos, os nossos sonhos, a nossa alegria, estragando a nossa viagem pela Terra por questões sem importância.

Por isso, estamos transitando na dimensão terrena para observar, aprender, crescer e amar. Não estamos aqui para criticar, brigar, destruir, viver infantilmente e destilar ódio pelos demais passageiros, pois, desta forma, estaremos estragando

---

111 http://ultimosegundo.ig.com.br/brasil/2012-11-08/homicidios-por-motivos-futeis-chegam-a-83-em-sao-paulo.html - acesso em 29/07/2016.

a viagem, a nossa e a dos demais passageiros que estão no mesmo trem conosco. Viagem perdida é viagem que terá de ser refeita, atrasando a nossa caminhada para outros destinos, mais bonitos e felizes!

Se aqui estamos de passagem, por que não deixar passar o que não é importante para a nossa viagem feliz pela Terra? Vamos aprender a deixar passar o que rouba nosso prazer. Pratiquemos o "deixo passar". Não fiquemos com a bagagem pesada, pois, assim, a nossa excursão pela Terra não será bem aproveitada.

Viemos aqui para encontrar a nossa felicidade e, a partir dela, deixar o planeta mais feliz, saudável e amoroso. E faremos isso com a nossa felicidade, cuidado e amor. Nossa missão terá sido cumprida se, quando a viagem chegar ao fim, olharmos para trás e verificarmos que o planeta ficou um pouquinho melhor com a nossa passagem e que muitos amigos vieram se despedir de nós, com lágrimas de saudade e gratidão!

Lindos dentes

No dia de hoje, pelo menos, coloca beleza nos teus olhos, a fim de fitares a vida com lentes mais claras.

JOANNA DE ÂNGELIS[112]

Jesus falou sobre como a maneira de olhar pode afetar a nossa vida: "Quando seus olhos são bons, todo o seu corpo fica cheio de luz. Porém, quando seus olhos são maus, o corpo fica na escuridão."[113]

Há muitas maneiras de enxergar além dos sentidos físicos. É a esse olhar que Jesus se refere. Olhar de bondade ou maldade, olhar de irritação ou paciência, olhar de beleza ou feiura, olhar de elogio ou crítica. Em cada forma de ver, estamos deixando escapar um pouco de nós mesmos. Jesus resumiu dizendo que poderemos ter bons olhos ou maus olhos. A escolha é nossa. Mas a consequência fica conosco. O bom olhar

---

112 *Vida Feliz*, psicografia de Divaldo Pereira Franco, LEAL.
113 Mateus: 6, 22-23.

traz luz, isto é, gera saúde, paz e alegria. Já o mau olhar nos deixa na escuridão, vale dizer, ficamos envolvidos por uma sensação desagradável, perturbadora da nossa paz e bem estar interior.

O que cada um vê e realça é aquilo que retém para si mesmo!

Conta-se que, certo dia, Jesus caminhava descontraído por uma longa estrada com seus discípulos, quando encontraram um cachorro morto, à beira do caminho. Os discípulos olharam com repulsa para o animal, que cheirava muito mal. Enquanto todos se afastavam, Jesus se aproximou do cachorro e disse para os discípulos: "Vejam que dentes lindos ele tinha!"

Foi com esse olhar que Jesus enxergou as pessoas que os religiosos de então chamavam de "pecadoras". Ele viu beleza em todas elas, como está vendo a nossa beleza neste instante, mesmo que estejamos nos sentindo sujos e feios. Jesus tem um bom olhar, escolhe a nossa melhor parte, porque sabe que fomos feitos à imagem e semelhança de Deus. E é olhando para a nossa beleza divina que Jesus nos cura e endireita nossos caminhos.

Nas sábias palavras de Albert Nolan: "Nos seres humanos seus irmãos, Jesus não via pecado e culpa, mas feridas, corações quebrantados, doença, confusão e medo. As pessoas a quem os escribas e fariseus chamavam pecadores eram vistas por Jesus como os doentes que precisavam de médico."[114] As pessoas da época viam em Maria Madalena a mulher de má vida, mas Jesus enxergou nela a valorosa mulher que se transformou num dos maiores exemplos de conversão íntima e

---

114 *Jesus hoje, Uma espiritualidade de liberdade radical*, Paulinas.

amor ao semelhante. A multidão considerava Paulo de Tarso o grande perseguidor dos cristãos, e Jesus viu nele o maior divulgador do Evangelho em todos os tempos. Zaqueu era acusado de roubar o povo com a cobrança de impostos abusivos, porém Jesus enxergou nele o futuro discípulo caridoso e benfeitor de muitas almas.

Podemos nos aproximar desses olhos de Jesus! É um esforço que vale a pena. Coloquemos beleza em nosso olhar! Enxerguemos, primeiramente, a nós mesmos com o mesmo olhar com que Jesus nos vê. Se ele se admirou com os dentes de um cachorro morto e mal cheiroso, quantos motivos ele não teria para se admirar de nós? E faz isso mesmo que hoje estejamos nos sentindo como mortos e caídos nas estradas da vida, como aquele animal. E esse olhar bom de Jesus nos reergue e traz vida nova para cada um de nós.

Enxerguemos esses motivos e nos alegremos com eles. Olhemos nosso corpo desse jeito, nossa casa, família, trabalho, amigos, sobretudo aquelas situações parecidas com o cachorro mal cheiroso da estrada. Quando formos capazes de ver os "lindos dentes" em cada situação difícil, nossa vida será rica de beleza e paz!

Temos muito que viver

Vou seguindo pela vida, me esquecendo de você. Já não quero mais a morte, tenho muito que viver. Vou querer amar de novo, e se não der não vou sofrer. Já não sonho, hoje faço com meu braço o meu viver.

MILTON NASCIMENTO[115]

Há trechos da nossa caminhada em que o peso das dores se torna quase insuportável. Inevitavelmente, nesses momentos, paramos a marcha, choramos, lamentamos, ficamos paralisados e sem vontade de levantar. São os instantes em que recebemos a visita da desilusão amorosa, da inexplicável despedida de emprego, da enfermidade preocupante, do abandono do melhor amigo, da agressão vinda do nosso afeto mais querido. São os dias que se fizeram noites que parecem não ter fim.

E, quando a noite escura nos surpreender, diremos com o Milton: "Forte eu sou, mas não tem jeito, hoje tenho que

---

115 Trecho da música "Travessia".

chorar." Choremos, sim! Sintamos, por um instante, a nossa fraqueza, a nossa vulnerabilidade tão humana. Isso nos fará bem. Alivia a alma e nos ajuda a recuperar as forças. O apóstolo Paulo, que tantos sofrimentos experimentou em sua vida, afirmou que, quando estava fraco, aí sim ele se tornava forte.[116] A tristeza é como as águas de um rio. Precisamos deixar as águas passarem. Não coloquemos diques para represar as águas da tristeza, pois elas poderão transbordar e inundar nossa alma de uma melancolia profunda.

A música do Milton é de uma sabedoria psicológica profunda, pois ela começa com o desabafo de alguém que está triste porque perdeu um grande amor: "Quando você foi embora, fez-se noite em meu viver, forte eu sou mas não tem jeito, hoje tenho que chorar. Minha casa não é minha, e nem é meu este lugar, estou só e não resisto, muito tenho pra falar. Solto a voz nas estradas, já não quero parar, meu caminho é de pedra, como posso sonhar? Sonho feito de brisa, vento vem terminar, vou fechar o meu pranto, vou querer me matar."

A partir do momento em que aceitamos a nossa tristeza, a nossa condição humana, e sentimos a dor no nível em que ela se encontra, soltando a nossa voz (isso evitaria tantas doenças!), chegamos ao ponto da cura e da transformação, pois todo o mal já terá se tornado água passada. É o ponto em que Deus nos faz fortes, com energia suficiente para levantar e seguir a vida. Por isso, o Milton, na segunda parte da canção, descreve o processo de cicatrização da ferida: "Vou seguindo pela vida, me esquecendo de você, já não quero mais a morte, tenho muito que viver, vou querer amar de novo, e se não der

---

116 2 Coríntios: 12, 9-10.

não vou sofrer, já não sonho, hoje faço, com meu braço o meu viver."

É o momento em que reaparece aquele apetite por viver, por amar de novo, por tentar mais uma vez, por continuar o ciclo interminável da existência. Afinal de contas, como disse Chico Xavier: "As lutas chegam e passam, as provações aparecem e desaparecem, as incompreensões se fazem nuvens e se dissipam, os desafios do mundo gritam e se calam... Tudo vai passando na Terra, mas o Senhor está imutável nos recessos de nosso espírito."[117]

É o tempo da travessia que está nos chamando. Um tempo em que não se deve olhar mais para trás. Um tempo em que se deve esquecer o que passou porque um novo tempo chegou para nós. Um tempo em que não se vive só de sonhos, mas, também, de braços firmes e pernas fortes. Um tempo em que a pele frágil da criança vai sendo dourada pelo sol das experiências iluminativas.

Façamos a travessia. Deus, que está no íntimo de cada criatura humana, sopra seus ventos para aquele que decide chorar, enxugar as lágrimas e seguir a vida.

---

117 *Lições de Chico Xavier de "A" a "Z"*, organização de Mucio Martins, LEEP.

Cadeira de balanço

Reclamar do tédio é fácil, difícil é levantar da cadeira para fazer alguma coisa que nunca se fez.
MARTHA MEDEIROS[118]

Reclamação nem sempre sugere a tomada de atitude capaz de solucionar o problema de quem se queixa. Reclamamos de muitas coisas em nossa vida, o que não significa que estejamos agindo para nos vermos livres dos espinhos que nos incomodam. A reclamação sem atitude, geralmente, nos deixa com a sensação de que estamos sempre na mesma posição, como alguém que, por mais que se movimente na cadeira de balanço, jamais sai do mesmo lugar.

A queixa não deixa de ser uma atitude ainda bem humana, compreensível nos momentos em que os limites da paciência, geralmente curtos, se esgotaram. Mas ela, por si só, não muda nada em nossa vida, sobretudo quando a atitude capaz

---

118 *Felicidade Crônica*, LP&M.

de transformar o problema de que nos queixamos estiver em nossas mãos (e, comumente, está). Nesse caso, a reclamação deveria ser dirigida a nós mesmos, perguntando-nos o motivo pelo qual estamos deixando tal estado de coisas acontecer.

Se reclamamos de tédio, o que estamos fazendo para sair dele? Não podemos esperar que um anjo nos surpreenda pela manhã e nos traga um dia cheio de experiências novas. Esse anjo não virá, porque nós podemos fazer isso por nossa própria conta!

Se nos queixamos de solidão, o que temos feito para conhecer novas pessoas, fazer novas amizades ou nos tornarmos uma pessoa mais agradável para cultivar as amizades já conquistadas?

Se não estamos satisfeitos com o nosso corpo, quais medidas temos tomado para deixá-lo da forma que mais nos agradaria? Pagar a mensalidade da academia e não a frequentar será apenas mais um motivo de reclamação!

Se carregamos algum trauma do passado, que providências estamos adotando para nos livrarmos dessa carga tão pesada?

Se vivemos num relacionamento que se resume a brigas, disputas, desrespeito e discussões intermináveis, o que estamos esperando para resolver essa tormenta?

O único problema duradouro em nossa vida é aquele que sofremos reclamando, sem nenhuma atitude transformadora! Viver apenas se queixando é optar por uma vida de sofrimento, e, aí, não poderemos culpar a Deus pela nossa desventura. Levantar da cadeira, certamente, dará mais trabalho do que, simplesmente, ficar sentado e reclamando. Dá trabalho, porém compensa! Porque levantar é o movimento da transformação que gera libertação, progresso e realização. Continuar sentado cansa, entristece e adoece, e faz com que se perca o melhor que a vida reservou a cada um de nós.

Vamos então sair da cadeira de balanço?

Somos do céu

Neste mundo vocês terão aflições, mas tenham coragem: eu venci o mundo.

JESUS[119]

Escrevo este capítulo na Sexta-Feira da Paixão, data em que os cristãos relembram a crucificação de Jesus. Numa análise mais apressada, poderíamos deduzir que Jesus teria saído derrotado do mundo, morto numa cruz infamante, ao lado de dois ladrões.

Mas estou certo de que, ao afirmar que venceu o mundo, Jesus quer dizer que não lutou com as mesmas armas do mundo que o levou à cruz.

Quase todos nós estamos reagindo no mesmo nível em que somos tratados ou agredidos. Se nos tratam bem, retribuímos da mesma forma. Se alguém nos fere, nossa atitude é reagir na mesma medida. Se alguém fala mal de nós, a tendência é

---

119 João: 16, 33.

falar mal dessa pessoa também. Se alguém nos esquece, quase certo que o esqueceremos também. Em regra, somos pessoas reativas. Tratamos os outros como somos tratados. É possível imaginar que essa história não pode acabar bem!

Ao falar que venceu o mundo, Jesus quis dizer que não reagiu no mesmo nível do tratamento que recebeu. O discípulo Pedro o negou por três vezes, e, mesmo assim, Jesus deu a ele o encargo de liderar a comunidade dos primeiros cristãos.[120] Quando os guardas se aproximam para prender Jesus, Pedro usa a espada e corta a orelha de um soldado. Jesus fala para Pedro guardar a espada e, em seguida, toca suas mãos no soldado ferido, curando-lhe o ferimento.[121] Quando já estava na cruz, experimentando dores atrozes, zombado e cruelmente ferido, Jesus ora, pedindo a Deus que perdoasse seus malfeitores, porque eles não sabiam o que estavam fazendo![122]

De fato, Jesus venceu o mundo de ódios, disputas e guerras. Venceu porque amou acima das nossas misérias, pacificou onde havia conflito, perdoou onde havia ofensa, ensinou onde reinava a ignorância.

Os conflitos humanos perduram até os dias de hoje, pois a maioria de nós ainda prefere a lei do "olho por olho", a lei da agressão, da reação vingativa, da punição que não educa, da maldade que faz mal primeiramente a quem a pratica. Jesus agiu num nível mais elevado, e nos pede para fazermos o mesmo. Ele nos mostra a vantagem de dar a outra face, isto é, de não agirmos na mesma medida que os padrões agres-

---

120 Mateus: 16, 18.
121 Mateus: 26, 50-54.
122 Lucas: 23, 34.

sivos e mesquinhos do mundo. Benevolência, cordialidade, gentileza, tolerância, compreensão, docilidade, pacificação e perdão são as únicas armas com que somos capazes de vencer o mundo e tornar a nossa vida mais feliz, a partir de agora!

Para tanto, proponho que nos recordemos insistentemente desse esclarecimento formidável de Emmanuel: "O homem deve viver a sua existência, no mundo, sabendo que pertence ao Céu, por sua sagrada origem, sendo indispensável, desse modo, que se desmaterialize, a todos os instantes, para que se desenvolva em amor e sabedoria, na sagrada exteriorização da virtude celeste, cujos germens lhe dormitam no coração."[123]

Jesus desmaterializou, por completo, o egoísmo, a vingança, o orgulho e a maldade. Por isso foi, entre nós, a criatura celestial por excelência! Temos esse caminho pela frente: viver no mundo, sem o desmerecer, mas conscientes de que somos do céu, o que nos motivará a desmaterializar aquilo que nos leva ao inferno.

---

123 O *Consolador*, psicografia de Francisco Cândido Xavier, FEB.

Velho amigo

Eu tento tratar qualquer pessoa que conheço como um velho amigo. Isto me traz uma experiência de genuína felicidade. É a prática da compaixão.

DALAI-LAMA[124]

Escreveu Vinícius de Moraes que "a vida é a arte do encontro, embora haja tanto desencontro pela vida."[125] Em grande medida, a vida é o resultado dos nossos relacionamentos. Por isso, o poeta diz, com muita sabedoria, que "a vida é a arte do encontro", uma arte que precisamos constantemente aprimorar, para que não haja tantos desencontros.

Como tratar bem as pessoas? Como fazer de cada encontro um momento agradável e afetuoso, para que sempre fique aberta a porta para outros reencontros? Pensando pelo lado oposto, como agir para não ser desagradável, grosseiro ou

---
124 *O Caminho da Tranquilidade*, Sextante.
125 "Samba da bênção".

insensível, a ponto de causar no outro uma repulsa tal que ele passe a evitar a nossa presença? São indagações que nos ajudam a desenvolver a arte do encontro.

Cada pessoa que cruza o nosso caminho pode ser comparada a uma porta em nossa vida. A depender do modo como a tratamos, essa porta pode se abrir ou fechar, e isso interfere diretamente em nossa vida. Embora não seja difícil saber como tratar bem as pessoas, não custa lembrar a regra de ouro da arte do encontro proposta por Jesus: "façam aos outros o que querem que eles façam a vocês."[126] Geralmente, exigimos muito das pessoas, queremos ser tratados como reis, com toda a deferência possível, embora nem sempre nossa atitude seja essa em relação a elas. Acho que isso é um traço de egoísmo, você não pensa assim também? E o que tenho visto é que o egoísmo (estou falando do nosso!) é o agente dos desencontros...

O Dalai-Lama nos dá um conselho bem prático sobre o tema: trate a pessoa que você conhece como um velho amigo. Creio que velho amigo é aquele que o tempo eternizou em nós como sendo um irmão. Na presença dele, nos tornamos pessoas especiais. Ficamos felizes ao revê-lo. Trocamos abraços demorados. Queremos saber como anda e o ouvimos com atenção e interesse. Se estiver em dificuldades, logo oferecemos a ajuda que nos é possível. Somos mais bem-humorados, leves e camaradas. Trazemos do passado as recordações felizes, engraçadas, inesquecíveis. Jamais enaltecemos os defeitos do velho camarada, tendo para com ele uma boa dose de complacência, uma espécie de perdão permanente, para

---
126 Mateus: 7, 12.

que a velha amizade nunca chegue ao fim, pois isso seria mais desastroso que tudo.

Como disse o Milton Nascimento, "amigo é coisa pra se guardar no lado esquerdo do peito."[127] Nosso desafio é abrir o peito e trazer mais gente para dentro do coração! Segundo Piero Forni: "A prática da civilidade nos obriga a ultrapassar os limites estreitos do ego, a sair de dentro de nós mesmos para prestar atenção no outro e se colocar em seu lugar. Isso implica fazer sacrifícios e abrir mão de certas coisas. Numa cultura como a nossa, que ensina que o "eu" é soberano, não é fácil."[128]

Não é fácil, mas compensa! Só isso pode salvar a humanidade: vivermos como velhos amigos!

---

127 *Canção da América*, Milton Nascimento e Fernando Brant
128 Apud *A arte de ser leve*, Leila Ferreira, Principium.

Allegro gracioso

Estou feliz por não estar morto!
OLIVER SACKS[129]

Talvez você pense que a frase de abertura deste capítulo tenha sido escrita por alguém que estava vivendo um dia de ocorrências maravilhosas. Eu também pensei. Mas seu autor, o médico e escritor Oliver Sacks, vivia tempos difíceis. Beirando os oitenta anos, lidando com um câncer, enfrentando limitações físicas, vivia o pôr do sol da sua existência.

Mesmo assim, embora reconhecendo que a morte se aproximava, deixou sinais de que o crepúsculo não significava que ele não quisesse mais nada com a vida. E, segurando nas mãos o pequeno pedaço de fio da vida que ainda lhe restava, declarou que estava feliz por não estar morto! Viveu ainda por mais dois anos, com a intensidade possível, período durante o qual escreveu, tocou piano e viajou.

---

129 *Gratidão*, Companhia das Letras.

Eu tomei uma chacoalhada ao ler sua declaração de felicidade incondicional: "Estou feliz por não estar morto!" Ele poderia dizer, como muitos dizem: "estou infeliz porque estou doente, estou infeliz porque estou velho demais, estou infeliz porque a morte se aproxima, estou infeliz porque cansei de viver, porque nada dá certo, porque tenho dores, porque..."

E, assim, essas pessoas vão morrendo antes da hora, pois cortaram o fio da vida pelo excesso de consideração para com as coisas desagradáveis que lhes ocorreram na existência. Passaram a colecionar desapontamentos, mágoas, preocupações e revolta, quando ainda dispunham de matéria-prima suficiente para criar vida nova, apaixonar-se por ela, desfrutar de situações agradáveis, que somente aquele que valoriza o fato de estar vivo é capaz de perceber.

As limitações próprias da nossa condição humana, incompleta e inacabada, não são incompatíveis com as muitas possibilidades de realização que poderemos ter na vida, em qualquer fase dela. Minha percepção é a de que, não raro, deixamos que aquele aspecto mais difícil da nossa existência se assemelhe a um rio que transborda para as demais áreas da nossa vida, provocando um alagamento generalizado. Oliver Saks teve a sabedoria de não permitir que isso acontecesse. Precisamos aprender a colocar diques de contenção das águas enfermas, a fim de que elas não adoeçam a nossa vida como um todo. Quando esses diques funcionam, a trilha sonora da nossa vida não é uma sinfonia trágica do começo ao fim. Ela deve variar entre um *adágio* (movimento vagaroso), passar por um *moderato* (moderado), e, principalmente, por um *allegro gracioso* (rápido e gracioso). Creio que essa foi a receita que o Dr. Sacks seguiu em sua vida, tendo feito dela uma linda sinfonia!

A constatação de que ainda estamos com vida neste corpo material, apesar dos problemas que nos cercam, nos autoriza a concluir que a nossa missão no mundo não terminou, vale dizer, ainda estamos com as possibilidades de mudar o que puder ser mudado, de aceitar o que está fora do nosso alcance e, finalmente, de comer o queijo com goiabada, de viajar, nem que seja para o bairro ao lado, de rir, chorar, abraçar, rezar, amar... até que o pôr do sol feche as cortinas do espetáculo que deve ser a nossa vida!

Virar um cão

*Também oro a Nossa Senhora, pedindo à Excelsa
Intercessora da Humanidade que me abençoe em minhas
fragilidades... Um coração de mãe como o dela
há de compadecer-se de mim!*

CHICO XAVIER[130]

Na condição de seres humanos, mais próximos da animalidade do que da angelitude, as imperfeições ainda nos caracterizam, naturalmente. Não nascemos prontos, estamos nos construindo paulatinamente, não apenas ao longo desta vida, mas ao longo de todo o transcurso das nossas existências passadas. Chegará o tempo em que, mercê do nosso esforço evolutivo, atingiremos a condição de espíritos amadurecidos, fortes e perfeitos. Por ora, ainda somos, imaturos, frágeis e imperfeitos, em maior ou menor grau, dependendo da evolução de cada um.

---

130 *Orações de Chico Xavier*, Carlos A. Baccelli, LEEP.

Considero importante que consigamos nos enxergar desse jeito, que reconheçamos nossa condição humana e imperfeita, que sejamos capazes de notar nossa imaturidade espiritual, nossas fraquezas, nosso lado obscuro, nossas incoerências e deslizes, sem que, contudo, nos sintamos culpados ou desmotivados. Como escreveu Gilberto Gil, em tocante canção: "Se eu quiser falar com Deus, tenho que virar um cão, tenho que lamber o chão dos palácios, dos castelos suntuosos do meu sonho, tenho que me ver tristonho, tenho que me achar medonho, e, apesar do mal tamanho, alegrar meu coração."[131]

Somente quando lambermos o chão dos nossos castelos é que daremos o primeiro passo para uma vida mais feliz. A aceitação de nós mesmos é a base de uma autoestima positiva e a porta que se abre ao nosso crescimento. Quem se esconde através de máscaras de falsa superioridade não consegue ser feliz, porque perdeu a conexão consigo mesmo e, portanto, não é capaz de enxergar que, muitas vezes, seus castelos estão erguidos sobre a areia. O orgulho nos cega, nos impede de ver a sujeira que ficou debaixo do tapete, assim como as feridas que estão sangrando, os hábitos nocivos que nos prejudicam, os pontos fracos onde, costumeiramente, caímos.

Já a humildade, porém, promove a autoconexão, faz com que nossos castelos sejam construídos sobre a rocha, como recomendou Jesus.[132] A humildade traz a aceitação da nossa

---

131 Canção "Se eu quiser falar com Deus".
132 Mateus: 7, 24.

sombra, que, aos poucos, vai se dissolvendo, à luz do sol da compreensão de nós mesmos.

Chico Xavier, em visível demonstração de humildade, mesmo em face da sua elevada condição espiritual, buscava o coração de Nossa Senhora para pedir forças em suas fragilidades. Chico estava consciente dos seus limites humanos, admitiu-os para si e para os outros, se autoproclamava um "cisco". Por isso, sua vida foi construída sobre a rocha. Aliás, somente uma edificação desse tipo seria capaz de ter feito tanta luz na face da Terra! Indagado, certa vez, sobre qual seria o caminho para a humildade, o "cisco" respondeu: "Aprenda a esquecer-se. Fale pouco. Ouça mais."[133]

Ele buscou um coração de mãe, que compreende as fragilidades do filho, que o acolhe em sua fraqueza, mas que estimula suas pernas a se moverem adiante, pois só o trabalho e o esforço são capazes de fortificar a criatura no caminho da evolução.

Vamos aceitar e compreender as fragilidades próprias da nossa condição humana! Mas não vivamos acomodados a elas. Busquemos, também, o coração amoroso de nossa Mãe Maria, reconhecendo as nossas fraquezas, não para que elas sejam palco das nossas vitimizações, mas para que se transformem em degraus de superação. Contudo, para isso, é preciso, primeiramente, virar um cão e lamber o chão dos nossos castelos!

---

[133] *Lições de Chico Xavier de "A" a "Z"*, organização de Mucio Martins, LEEP.

Danúbio azul

> *E o mundo vai girando, cada vez mais veloz, a gente espera do mundo, e o mundo espera de nós um pouco mais de paciência.*
>
> LENINE[134]

Paciência é uma das virtudes mais importantes para a nossa vida diária, embora seja tão escassa em quase todos nós.

O compositor Lenine captou bem a urgência da paciência, afirmando que o mundo está girando cada vez mais veloz, e isso nos faz ficar cada vez mais acelerados. O ritmo da vida não é mais aquele de cinquenta anos atrás, em que o homem trabalhava a vida toda na mesma empresa, morava quase sempre na mesma casa, não ficava horas do dia preso no trânsito, chegava do trabalho no fim de tarde e, depois do jantar, tinha tempo para conversar com os vizinhos, sen-

---

134 "Paciência", canção de Lenine e Dudu Falcão.

tados em cadeiras na calçada. Esse mundo mudou e se tornou bem mais veloz, exigente e absurdamente competitivo!

Um dos efeitos dos novos tempos que vivemos é a pressa que tomou conta de nós. A pressa aliada a altos níveis de cobranças por metas, desempenhos e aparências. Queremos viver todos os nossos sonhos com a velocidade de um foguete! Tudo tem que ser rápido, tudo tem que acontecer logo, o sucesso tem que ser para hoje, as relações afetivas precisam ter a rapidez de uma conexão de internet e logo são abandonadas quando a conexão é interrompida.

Com isso, ficamos, amiúde, irritados com o ônibus atrasado, com filas de espera, com choro de criança e a lentidão dos idosos. Temos uma paciência que se esgota facilmente com as menores contrariedades, e, no fim do dia, não sabemos explicar o motivo pelo qual estamos à beira de um ataque de nervos.

Hoje, a ciência já afirma que a impaciência pode ser um fator componente da obesidade, hipertensão arterial e envelhecimento.[135] A impaciência está tirando dias da nossa existência; ela nos acelera tanto, que é provável que venhamos a encontrar a morte mais rapidamente!

Talvez não sejamos capazes de mudar a sociedade, mas podemos corrigir alguma coisa em nós mesmos. E o Lenine dá uma dica interessante: "Enquanto o tempo acelera e pede pressa, eu me recuso, faço hora e vou na valsa, a vida é tão rara." Pensemos nisso: a vida é tão rara! Nossa vida é preciosa

---

[135] http://saude.terra.com.br/tres-razoes-pelas-quais-ser-impaciente-pode-ser-prejudicial-a-saude,1e782e127f32002eeb5a968c5190a99249k3fevo.html – acesso em 02/04/2.016.

para ser desperdiçada em constantes surtos de impaciência. Nossos momentos com as pessoas também são momentos especiais, raros, talvez os últimos. Portanto, não vamos estragá-los com nossa ansiedade, nossa pressão em terminar a refeição e nem ter tempo para um café. Que nos recusemos a ter pressa diante da pessoa que amamos. Que nos recusemos a ter pressa com os filhos. Que não tenhamos pressa de ir para o celular e deixar a companhia falando sozinha...

Façamos hora para um café a mais, para um pouco mais de conversa, para falar de amenidades, lugares, músicas, livros e amores. Com isso, desaceleramos, despressurizamos a vida. Que, diante das limitações de cada um de nós, tenhamos um olhar de compreensão da nossa condição humana, imperfeita e inacabada. Nós esperamos paciência do mundo, mas o mundo também espera paciência de nós!

O melhor mesmo é ir na valsa: um "Danúbio Azul", de Strauss, desacelera a vida e não faz com que a gente perca o melhor dela.

Quebra-nozes

Se você não está satisfeito com o rumo que sua vida está tomando, modifique-o. Não me agrada ouvir as pessoas suspirando e atribuindo os fracassos do presente a erros de vidas passadas; isso é preguiça espiritual. Ponha mãos à obra e arranque as ervas daninhas do jardim de sua vida.

YOGANANDA[136]

Nossa vida pode ser influenciada pelas atitudes que tomamos em vidas passadas. É possível que alguns dos problemas que hoje enfrentamos encontrem suas causas em existências anteriores. Identificaremos tais situações naquelas dificuldades em que em nada, absolutamente nada, contribuímos para sua ocorrência. Males estranhos à nossa vontade, aquilo que, geralmente, denominamos de "fatalidade".

Allan Kardec dá os seguintes exemplos: "a perda de entes queridos e dos que sustentam a família. Assim também os

---
[136] *Assim falava Paramahansa Yogananda*, Self-Realization Fellowship.

acidentes que nenhuma previdência pode evitar; os reveses da fortuna, que frustram toda as medidas de prudência; os flagelos naturais; e ainda as doenças de nascença, sobretudo aquelas que tiram aos infelizes a possibilidade de ganhar a vida pelo trabalho: as deformidades, a idiotia, a imbecilidade, etc."[137] Afora essas situações excepcionais, todos os demais sofrimentos encontram causa na presente existência.

Somos herdeiros de nós mesmos, e o passado se manifesta no presente, seja o passado que vem de outras existências, seja o passado da atual experiência. A vida sempre nos devolve o que ofertamos a ela, e faz isso com fins pedagógicos, jamais punitivos, permitindo que cada um experimente os frutos que plantou em suas andanças pela vida e tome consciência do resultado da sua lavoura, para modificar as atitudes que não deram bons resultados.

É óbvio que o resultado desse processo não é meramente contemplativo, isto é, não visa a que cada um apenas olhe para o desastre da sua colheita e permaneça imóvel diante dele. O propósito da experiência desagradável é fazer com que a criatura se transforme diante do insucesso da plantação. Não é para que ela se acomode na falsa poltrona do "carma de vidas passadas", sofrendo por sofrer, adormecida na preguiça espiritual, que nenhum benefício lhe trará.

O espinho cravado na carne serve para nos incomodar ao ponto em que, não suportando mais a dor, tomemos a atitude de arrancá-lo de nós, e não para que nos acomodemos a ele, sofrendo sem proveito!

---

137 O *Evangelho Segundo o Espiritismo*, Allan Kardec,

Consciência e transformação são palavras fundamentais quando se almeja o desenvolvimento espiritual e, para não dizer, a própria felicidade. Comumente, a dor é o agente transformador da nossa consciência. Funciona à semelhança de um quebra-nozes: objetiva quebrar a nossa casca de ignorância, a fim de encontrarmos a nossa essência divina. O sofrimento nos intima a refletir sobre as escolhas que fizemos na vida e os resultados que elas trouxeram. Conscientes da estrada que percorremos e para onde ela nos levou, estaremos em condições de fazer as transformações necessárias, escolhendo roteiros de vida mais condizentes com os nossos propósitos de amor, saúde, paz e alegria.

Não devemos viver como prisioneiros do ontem, seja do passado presente ou do passado remoto. Passado é lição, advertência, não sentença condenatória irrevogável! A vida é uma experiência pedagógica de erros e acertos, fracassos e vitórias, num aprendizado de contínua transformação. Mas o aluno que mais sofre nesta escola não é aquele que errou, mas aquele que se acomodou no erro e não quer aprender a lição. Para ele, o quebra-nozes ainda será muito útil!

Chave e fechadura

A caridade é a chave da Casa de Deus.
BEZERRA DE MENEZES[138]

A humanidade vem buscando encontrar Deus de mil modos. Apregoam-se, com frequência, a via da oração, a observância dos rituais nos templos religiosos, a meditação, o estudo minucioso dos textos bíblicos e as oferendas variadas.

Embora não se negue o valor que tais práticas possam ter, a caridade se afigura como o caminho mais eficiente para entrarmos na Casa de Deus. Isso porque a caridade é o amor concretizado, e, sendo Deus a expressão máxima do amor, não há outro meio mais seguro de encontrá-Lo, senão amando!

O Reino de Deus não está apenas dentro do coração das criaturas, mas, também, e principalmente, entre as criaturas. Ninguém consegue alcançar Deus na linha vertical! Só o fazemos na linha horizontal, isto é, através do amor ao próximo.

---
138 *Dicionário da Alma*, psicografia de Francisco Cândido Xavier, FEB.

Viver no egoísmo, desinteressado pelo bem dos semelhantes, é viver divorciado de Deus. Porque Deus somente se descobre quando o amor sai do nosso coração e vai ao encontro do coração ferido do nosso irmão.

Um prato de comida a quem tem fome fala mais de Deus do que qualquer pregação religiosa. Uma visita fraterna ao hospital é levar o remédio de Deus aos enfermos. Uma palavra confortadora endereçada a quem está em desespero é mensagem viva do próprio Deus ao infortunado. Uma gentileza que se presta ao semelhante é uma flor com que Deus perfuma a nossa vida. O esquecimento de uma ofensa é o perdão que Deus manifesta diante de nossas próprias faltas.

Talvez ainda estejamos nos vendo como ilhas solitárias. Mas a paternidade divina nos mostra que todas as ilhas estão ligadas entre si pela mesma porção de terra. E somente sou capaz de encontrar meu Pai quando me ligo fraternalmente às demais ilhas da vida. Por essa razão, Deus almeja que construamos pontes entre as criaturas. Ele não deseja muralhas, distâncias e separações entre seus filhos! Se desejo encontrar Deus, devo me perguntar: Como posso ser essa ponte? Como posso me aproximar de quem estou afastado? Como posso beneficiar a comunidade onde vivo? Como posso compartilhar os talentos que Deus me deu com os menos favorecidos? Não teria sido para esse fim que Deus me favoreceu, a fim de que eu aprendesse a dividir?

Quando eu era menino, costumava cantar na igreja uma canção chamada "Balada da Caridade"[139], cujo estribilho diz

---
139 Composição de Renato Suhett.

assim: "Como posso ser feliz, se, ao pobre, meu irmão, eu fechei meu coração, meu amor eu recusei?"

Com o coração fechado, a gente não encontra Deus, e nem consegue ser feliz também! Se a caridade é a chave da casa de Deus, a fechadura é o meu próximo!

Para conhecer essa canção, acesse https://www.youtube.comwatch?v=29o_t_8d4XM.

Varrendo o quintal

Na vida, não importa o que acontece com você ou de onde você veio. O que importa é o que você faz com o que lhe acontece e com o que lhe foi dado. A única maneira de fazer algo espetacular é usando tudo isso em seu proveito.

RYAN HOLIDAY[140]

O nosso progresso está diretamente ligado à maneira como reagimos aos problemas que nos ocorrem. Vivemos num mundo em que as dificuldades são esperadas e até necessárias ao nosso desenvolvimento humano. Raramente o homem cresce sem que algum obstáculo o impulsione a superar seus próprios limites.

Viver é expandir-se! Mesmo assim, muitos de nós "encolhemos" quando surgem as dificuldades. A maneira de interpretar os obstáculos fará toda a diferença para chegarmos à vitória ou ao fracasso! Podemos enxergar as barreiras como

---

140 *O obstáculo é o caminho*, Rocco.

problemas ou como desafios. Dependendo da maneira como olhamos os fatos que nos acontecem, os resultados poderão ser muito diferentes.

Quando concentramos o nosso olhar no que nos aconteceu, geralmente, ficamos presos ao sentimento de pesar pelo ocorrido. Isso pode nos levar a um estado de apatia e imobilismo diante do revés, deixando as coisas como estão, numa espécie de fatalismo, que apenas tende a agravar nossos males. Permanecendo assim, estaremos nos "encolhendo" diante de um fato que está exigindo de nós exatamente a atitude oposta, a da expansão!

Por isso, a melhor atitude, aquela que pode nos levar à solução da adversidade, deve se concentrar não na dificuldade em si, mas naquilo que poderemos fazer diante do que nos sucedeu. Esse olhar é libertador, porque faz com que quebremos os limites do problema, indo ao encontro das soluções que estão no estágio seguinte a ele próprio. É para lá que a vida quer nos levar, nos chamando ao crescimento. Atender a esse chamado é fundamental para quem não deseja passar a existência atolado em problemas. E ninguém virá nos salvar, fazer o que nos compete, pois a obra da nossa vida é exclusivamente nossa!

Então, façamos dela uma obra de arte, que exige não apenas talento, mas esforço, persistência, aprimoramento, flexibilidade, estratégia e vontade firme de não passar a vida sendo vítima das circunstâncias, mas senhor do próprio destino! Mãos à obra, pois não existe a chance de os obstáculos deixarem de ser obstáculos por inércia nossa! Comecemos com o que temos e de onde estamos. Olhemos firme para onde queremos chegar e o que precisa ser feito para tanto! Não gastemos tempo e energia com reclamações, culpas e fatalismos, que não modificam as dificuldades e só atrasam a nossa vida. Façamos o que precisa ser feito! Não vamos adiar, enrolar, postergar, esperar, dormir...

Não cultivemos pena de nós mesmos! Encontremos razões para nos orgulhar da capacidade de transformar a dor em progresso. Conta-se que, certa feita, um amigo surpreendeu Chico Xavier varrendo o quintal de casa e cantarolando conhecido samba intitulado "Volta por Cima",[141] em cuja letra vamos encontrar a proposta do "levanta, sacode a poeira e dá a volta por cima". Ante a surpresa do amigo, Chico Xavier se antecipou e disse que a música deveria ser o hino de todo aquele que caiu no sofrimento. Por via das dúvidas, vou reproduzir a letra, para irmos varrendo a poeira e cantando com o Chico:

> *Chorei, não procurei esconder*
> *Todos viram, fingiram*
> *Pena de mim não precisava*
> *Ali onde eu chorei*
> *Qualquer um chorava*
> *Dar a volta por cima que eu dei*
> *Quero ver quem dava*
> *Um homem de moral não fica no chão*
> *Nem quer que a mulher*
> *Lhe venha dar a mão*
> *Reconhece a queda e não desanima*
> *Levanta, sacode a poeira*
> *E dá a volta por cima.*

---
141 Composição de Paulo Vanzolini.

Nosso caso de amor

Não consigo fingir que não estou com medo. Mas meu sentimento predominante é a gratidão. Amei e fui amado, recebi muito e dei algo em troca, li, viajei, pensei, escrevi. Tive meu intercurso com o mundo...

OLIVER SACKS[142]

O escritor Oliver Sacks estava cara a cara com a morte quando escreveu essas palavras. Dizem (e eu acredito nisso) que, nos momentos cruciais da passagem desta para a outra vida, o homem, geralmente, se aproxima da sabedoria, porque as ilusões do mundo já não fazem mais nenhum sentido para ele, e somente a essência da vida se torna importante.

Embora não negando o medo da morte, o que é muito natural, o sentimento predominante de Oliver era a gratidão, gratidão que nascia do seu caso de amor com a vida, o que ele chamou de "intercurso com o mundo". Participar da vida

---

142 *Gratidão*, Companhia das Letras.

é uma das mais incríveis sensações de alegria e felicidade que alguém pode desfrutar! O que é muito diferente de ser um mero expectador da vida, sem um caso de amor com o mundo – alguém que não se movimenta para deixar sua marca pessoal, seus talentos, sua genialidade, seu amor, sua riqueza de alma. Alguém que deseja ser amado, mas que não ama. Alguém que exige muito da vida e não dá quase nada em troca.

Oliver deixou sua principal marca na Terra: seus livros, com os quais tinha a esperança de continuar vivo na memória das pessoas. Parece que a sua esperança se transformou em realidade. Aqui, e em várias partes do mundo, a obra de Oliver Sacks continua viva após sua morte em agosto de 2015. Suas sementes continuam dando frutos. E nós somos a prova disso, estamos falando dele neste momento!

Isso me fez pensar se as pessoas teriam bons motivos para falarem de nós após a nossa passagem. Que marca estamos deixando no mundo? Oliver disse que o sentimento predominante com que se despedia da Terra era a gratidão, não apenas por aquilo que ele deu, mas também pelo tanto que recebeu. Eu me vi obrigado a olhar para tantas pessoas e situações a que eu deveria ser grato e não estava sendo! Enxerguei a oportunidade que Deus está me dando de ter reencarnado num momento crítico do mundo, não para que eu viesse aqui e fosse mais um a reclamar e a reproduzir os mesmos padrões egocêntricos que fizeram o mundo adoecer, mas para que eu fosse, dentro do espaço que a vida me deu, um dos agentes da mudança do mundo feliz que todos gostaríamos de ver. Você também é um dos instrumentos escolhidos por Deus para essa mudança, assim como Oliver, assim como tantos outros!

E me dei conta também de tanta gente que se sacrificou por mim! Meus pais, meus professores, amigos, médicos, cientistas, escritores, poetas, músicos e até animais, todos deram suas vidas para que a minha não fosse medíocre, banal, insignificante, doaram-se para que eu tivesse o meu caso de amor com a vida, e possa, um dia, quando a morte se abeirar de mim, estar em paz e feliz por saber que, apesar dos desacertos de um espírito imperfeito, minha vida valeu a pena, pois tive o meu intercurso com o mundo!

E tem valido, porque procuro não me esquecer desse verso do Mário Quintana:

Um dia... Pronto!... me acabo.
Pois seja o que tem de ser.
Morrer: o que me importa?
O diabo é deixar de viver.[143]

---

143 http://pensador.uol.com.br/frase/NTE2OTE4/ - acesso em 01/08/2016.

Próximo voo

Lázaro, venha para fora!
JESUS[144]

Essas palavras foram ditas por Jesus, diante do local onde Lázaro, seu amigo, estava sepultado havia quatro dias. E, para espanto geral, Lázaro saiu com os braços e pernas amarrados com panos e o rosto coberto com um sudário. Jesus pede que desenrolem as faixas e deixem que ele se vá. Podemos imaginar a comoção que tomou conta de Marta e Maria, irmãs de Lázaro, bem como de todos os que, boquiabertos, presenciaram cena tão surpreendente e comovedora!

Estou certo de que, desde então, Jesus tem levantado muitos "mortos" de seus túmulos. Não me refiro à morte biológica, mas aos que morreram emocional e espiritualmente, àqueles que enterraram seus sonhos, sepultaram suas esperanças, adormeceram seus potenciais, entregaram

---
144 João: 11, 43.

os pontos antes de a luta acabar. Essas pessoas existem, mas deixaram de viver; pertencem à categoria dos vivos/mortos. Estão embotadas no túmulo da inércia, do orgulho ferido, do medo de viver, do medo de recomeçar, da falta de responsabilidade em tomar conta da própria vida. Todas se enterraram em decepções, frustrações, revoltas, culpas e complexos, superdimensionando revezes que deveriam ser relativizados, e, desse jeito, suicidam lentamente a própria vontade de viver.

Observemos a conduta terapêutica que Jesus teve para com Lázaro. Ele não entra no túmulo trazendo Lázaro nos braços, chamando a atenção do fenômeno da cura para si, como se fosse um "super-homem". Jesus simplesmente pede que tirem a pedra que fechava o túmulo e, do lado de fora, chama o amigo pelo nome, ordenando que ele saia, que venha para fora. Lázaro é envolvido pelo imenso poder fluídico de Jesus, de natureza vivificante, e decide sair do túmulo e voltar para a vida.[145] Jesus pede aos presentes que retirem as faixas de Lázaro, as quais poderiam ser entendidas, hoje, dentro do simbolismo bíblico, como os bloqueios que carregamos e impedem que nos movimentemos pela vida e enxerguemos o destino da nossa missão.

A essência da terapia aplicada por Jesus foi fazer Lázaro se movimentar: "Saia para fora", que não significa apenas o movimento físico, mas a compreensão de que é preciso nos desprendermos daquele imã que puxa a nossa vida para

---

[145] Para mais informações sobre os aspectos espirituais das ressurreições no Evangelho, indicamos a leitura do livro *A Gênese*, Allan Kardec, Cap. XV, itens 38 a 40. (Nota do autor).

baixo. A jornalista e escritora Leila Ferreira fez uma entrevista com o filósofo inglês Alain de Botton, segundo o qual, nos momentos em que se vê angustiado, confuso, ou num daqueles estados de tristeza que se arrastam, e sente necessidade de reagir (reagir, e não negar), ele costuma se dirigir ao Aeroporto de Heathrow – não para viajar, mas, simplesmente, para contemplar o movimento de aviões e passageiros chegando e partindo. Para Botton, aquilo faz com que ele se lembre de que existem outros lugares e outras possibilidades, não só no sentido físico ou geográfico, mas dentro de si mesmo.

Disse o filósofo: "É possível mudar de cidade ou de emprego, dar um novo rumo a um relacionamento que se desgastou, mudar de opinião, rever crenças e valores, reinventar-se, começar algo que nunca se tentou. A vida existe em movimento e os aeroportos nos lembram disso. Não vale a pena estacionar na infelicidade nem puxar o freio de mão quando chegamos ao terreno minado do estresse e do mau humor."[146]

Creio que hoje, em algum ponto e medida, somos os "Lázaros" modernos, e Jesus nos convida a fazer um passeio ao aeroporto. Ele nos chama pelo nome. Escutemos! É a voz do amor nos convocando a ir para fora de nós mesmos, para fora de nossos conflitos, que jamais terminarão se permanecermos no circuito fechado deles mesmos, consumindo-nos até o fim da existência. Ele tira as faixas dos bloqueios que nos amarravam até então. O calor da vida volta a circular em nós. Agora, nos cabe deixar o túmulo. Essa decisão é nossa.

---

146 Apud *A Arte de ser leve*, Principium.

Permanecer no túmulo é a morte; deixá-lo é reassumir a vida com toda a riqueza e complexidade que ela encerra, é retomar nossos sonhos, lutas, limites, potências, vencer barreiras, ir além, realizar o propósito da nossa existência, que é fertilizar a vida com o suor do nosso rosto. Deixar o túmulo é largar o medo, o orgulho ferido, é abrir mão de um passado que já se foi e que não tem mais chance de ser melhor. Sair do túmulo é saber que as chances de uma vida melhor estão lá fora, nos aguardando.

Jesus já fez a sua parte, nos levando ao aeroporto. Agora, ele torce para que cada um pegue o próximo voo para o país da vida nova. Isso é a ressurreição!

Gramática da emoção

Os cientistas dizem que somos feitos de átomos, mas um passarinho me diz que somos feitos de histórias.

EDUARDO GALEANO[147]

O homem não é apenas o construtor da sua história, mas também o reflexo dela. Hoje, somos o livro com as histórias que construímos ao longo da vida, histórias edificadas com risos e lágrimas, vitórias e fracassos, culpas e rancores, dores e amores. Tudo está estampado em nós, seja em nosso corpo físico, seja em nossa dimensão emocional, mental, espiritual e energética.

As enfermidades são representações simbólicas das histórias tristes e inacabadas que continuam nos machucando. Toda a bioquímica do corpo é influenciada decisivamente pelo conjunto das nossas emoções. O corpo compartilha cada

---

[147] http://pensador.uol.com.br/frase/MTUzMDEzNA/ - acesso em 27 de abril de 2.016.

emoção que se passa conosco. Não somos um corpo separado da nossa alma, dos nossos sentimentos, emoções e pensamentos. Tudo está interligado. Histórias tristes e dramáticas insistentemente guardadas e revistas, nas quais os sentimentos de perda, raiva e frustração emergiram das mais diversas situações conflituosas, deixam suas marcas no corpo e na alma. Isso acarreta um enfraquecimento da nossa energia vital, possibilitando o surgimento de doenças, dificuldades de relacionamento e entraves em nossa prosperidade.

Como sair dessa situação? Certamente, não podemos mudar os fatos ocorridos. Mas podemos criar novas histórias para esses fatos, procurar um "final feliz", ou, se não for possível, um final mais ameno, mais leve, sem o desfecho de "mortos e feridos", mas de sobreviventes mais experientes e mais fortes para outras histórias que haveremos de viver. Afinal de contas, ninguém morreu por conta do passado infeliz, o que significa dizer que Deus nos deu outra oportunidade para voltar ao palco da vida e escrever novas histórias. Não permitamos que o passado interfira tanto em nossa caminhada, a ponto de impedir que nossa jornada avance para momentos bons, agradáveis e felizes. A vida é uma gangorra: depois que passamos pela parte mais baixa, é hora de subirmos.

O primeiro passo para isso é aceitar tudo o que nos aconteceu, por mais duros tenham sido os golpes que levamos. Aceitar não é concordar com o fato, mas admitir que você não tem o poder de voltar ao passado e impedir que esse fato aconteça. Já aconteceu, pronto! Aceite, pois só a partir da aceitação pode haver alguma chance de transformação. Perdoar é desistir de querer ter um passado diferente do que foi!

Fato é fato, mas a história é a interpretação que damos aos fatos. Tomemos cuidado com as interpretações fatalistas, derrotistas, culposas, dramáticas e que as que nunca têm fim. Não eternizemos histórias tristes! Sejamos um bom gramático da emoção e comecemos a colocar mais pontos finais nas recordações infelizes. Frases longas, sem pontos e vírgulas, somente para o que nos fez sorrir e amar!

O problema nº 84

Depois de um problema, aguardar outros.
ANDRÉ LUIZ[148]

Consta que um homem foi procurar ajuda de Buda, a fim de se ver livre de seus problemas. Narrou ao mestre que era um fazendeiro, mas que, às vezes, não chovia o bastante, e a colheita era escassa. Buda ouvia pacientemente e o homem prosseguia com o relatório dos problemas. Falou que era casado, que a esposa era boa, mas que o apoquentava muito, e estava se cansando dela. Buda escutava tudo serenamente. E o homem seguia apresentando queixa dos filhos, que não o respeitavam como ele queria.

Depois do relato de outros tantos problemas e preocupações, Buda disse simplesmente que não poderia ajudá-lo. Surpreso, o homem perguntou o motivo, e Buda afirmou que, na vida, todos têm problemas, aliás, explicou que todos

---
148 *Sinal Verde*, psicografia de Francisco Cândido Xavier, CEC.

nós temos 83 problemas e que, ao solucionarmos um, logo outro surge no lugar, e, assim, sucessivamente. Furioso, o homem respondeu a Buda que a doutrina dele não servia para nada! Ainda calmo, Buda respondeu: "Bem, talvez ela o ajude com o problema de número 84."

"O problema de número 84?", indagou o homem. "Qual é ele?"

Disse o Buda: "Você não quer ter nenhum tipo de problema."[149]

Creio que o nosso maior problema também seja o de número 84! É claro que ninguém é amante de dificuldades, nem estou sugerindo que o seja. Mas o fato contra o qual não podemos brigar é que, na vida, todos temos problemas, e não há como escapar disso. Não vivemos num mundo perfeito, pronto e bem acabado, as pessoas não são assim, muito menos nós mesmos. E, com tanta imperfeição junta, inevitável que dificuldades e frustrações sejam absolutamente naturais no caminho de cada um. É preciso aceitar isso, pois, do contrário, viveremos eternamente insatisfeitos, infelizes, brigando com a vida e achando que ela é uma droga!

E, quanto aos nossos desafios, façamos o que recomenda a Prece da Serenidade: "Senhor, dai-me coragem para mudar o que eu posso mudar. Dai-me paciência para aceitar o que eu não posso mudar. E, por fim, dai-me sabedoria para distinguir uma situação da outra."[150]

Fazendo assim, pelo menos o problema de número 84 fica resolvido!

---

149 *Budismo Claro e Simples*, Steve Hagen, Pensamento.
150 Autoria atribuída ao teólogo Reinhold Niebuhr.

Escalar a montanha

Disse-nos Jesus: - 'Eis que vou adiante de vós...' O Eterno Amigo vai à nossa frente e aplainará para nós, como sempre, todos os caminhos. Basta que nos disponhamos a segui-lo, trabalhando...

BATUÍRA [151]

Muito ilustrativas as palavras de Jesus quando afirma que caminha adiante de nós. De forma alguma essas palavras querem significar que ele está longe de nós, a uma distância inatingível, a ponto de o perdermos de vista. Ao contrário! Jesus diz que vai à frente com o propósito de que o enxerguemos suficientemente para o seguirmos. Para se ler com clareza, é preciso afastar o papel a uma distância mínima dos olhos. Essa distância mínima se estabelece para vermos exatamente a diferença entre o que somos hoje e o que podemos nos tornar seguindo os passos de Jesus.

---

151 *Mais Luz*, psicografia de Francisco Cândido Xavier, GEEM.

Hoje, somos pessoas frágeis, mas vemos em Jesus um ser forte na capacidade que desenvolveu de suportar todas as atribulações.

Hoje, temos muitos conflitos conosco e com os outros, mas enxergamos um Jesus que se pacificou interiormente e que viveu em paz com seus irmãos.

Hoje, notamos como os nossos rancores nos fazem mal, mas, olhando para Jesus, percebemos que ele preferiu o caminho do perdão, e isso fez dele um ser divino.

Hoje, constatamos que nossa vida só tem serventia para nós mesmos, porém, quando olhamos Jesus, rodeado de gente ao seu lado, comendo, partilhando, orando e amando, concluímos que a vida só tem sentido quando trazemos outras pessoas para participarem do nosso banquete.

É por isso que Jesus está adiante! Ele é o nosso futuro, o nosso ideal, a montanha que devemos subir. Certamente, não conseguiremos escalar a montanha de uma só vez, mas já sabemos que não podemos ficar apenas olhando para a montanha, admirando-a. Por isso, o apelo constante de Jesus: "Vem e segue-me."[152]

Talvez ainda possamos ouvir sua voz nos dizendo com brandura: – Suba comigo, busque as coisas do Alto, não fique estacionado na planície de um mundo passageiro. As ilusões desse mundo um dia terminam. Viva com os valores que irão sustentar a sua paz para sempre. Que, na mesa da sua casa, a cada dia, tenha mais gente sentada com você. Que você faça mais amigos e não se faça inimigo de ninguém. Procure não

---

152 Mateus: 9, 9.

fazer ninguém sofrer e, tanto quanto possível, enxugue as lágrimas de quem sofre...

Jesus é a estrela de primeira grandeza, mas nem por isso ele deseja brilhar sozinho no universo de Deus. Ele veio até nós para que cada um faça brilhar a própria luz, sem a necessidade de apagar a luz de ninguém.

Agora mesmo ele passou por nós, acendeu a nossa tocha apagada e seguiu adiante, pedindo que o acompanhemos para iluminar o mundo...

Êxtase

Assim, o objetivo (do discípulo) estava claro: não somente aprender com Jesus, mas se tornar como Jesus.
SHEILA WALSH[153]

Lembro-me perfeitamente da alegria que tomou conta do meu coração ao saber que eu iria para as aulas do catecismo! Eu estava num ônibus, vindo da casa de uma tia, ainda um menino de, aproximadamente, 9 anos, invadido por uma misteriosa sensação de comunhão com Jesus. Eu estava em êxtase! Veio a primeira comunhão, mais tarde a participação em grupos de jovens católicos, e até o desejo de ingressar para a vida sacerdotal, que não se consumou em função dos conhecimentos espíritas que já possuía e que me sinalizaram fortemente para outros caminhos na minha vida espiritual.

Ao longo do tempo, porém, e passado aquele êxtase inicial, a minha ligação com Jesus passou a ser mais de natureza

---
153 *Respostas de Deus para os dias difíceis*, Thomas Nelson Brasil.

intelectual do que propriamente uma experiência de vida. Embora o estudo dos ensinos de Jesus seja fundamental, porque ninguém pode amar o que não conhece, ele apenas é o primeiro passo. O passo seguinte pressupõe deixar-se impregnar pelas lições do Mestre, a fim de que elas gradualmente se corporifiquem em nossa vida, assim como a tinta que o artista joga sobre a tela e que, aos poucos, vai dando a ela forma e beleza.

Mesmo tendo feito alguns estudos sobre Jesus e me tornado um divulgador do Evangelho, através de livros e palestras, a constatação que faço é que eu ainda sou uma tela sem pintura definida. Lembro-me de uma frase atribuída a Francisco de Assis: "Divulgue o Evangelho; se preciso, use palavras." Eu ainda uso mais palavras que exemplos. Estou tentando inverter essa equação, para que a pintura que Jesus deseja realizar em mim esteja mais definida e mais bonita. O pintor está pronto, mas a tela ainda tem asperezas...

Eu sei o que Jesus falou, mas não sei falar como ele.

Eu sei falar do amor de Jesus, mas não amo como ele ama.

Eu entendo perfeitamente sua mensagem de perdão, porém resisto muitas vezes a perdoar.

Eu compreendo exatamente quando ele afirma que não devemos prejudicar o próximo, no entanto eu ainda machuco o meu semelhante.

Eu sei que ele me fala para não viver egoisticamente, todavia me vejo tantas vezes olhando para o próprio umbigo...

Sei que ele já me compreende as falhas e limitações, estando sempre disposto a me perdoar, mas a cada perdão sobrevém a queda pelo mesmo erro. Não obstante as minhas contradições, também sei que Jesus é um paciente pintor. Ele não desiste da pintura. Sei que o amor dele jamais se cansa de mim, de cada um de nós. Ele sabe que nosso progresso se faz passo a passo, mas, olhando para mim, creio que Jesus já espera um pouco mais, não tanto do escritor e palestrante, mas, sobretudo, da minha pessoa, que ela se pareça mais com ele, que meu coração seja mais parecido com o dele, que minhas atitudes se aproximem mais das atitudes dele, pois o desejo de Jesus é que todo aprendiz seja como seu Mestre.[154]

Que, pelo menos, meus erros sejam novos erros, e não os mesmos de sempre. Que, ao se aproximarem de mim, as pessoas não apenas ouçam palavras sobre o amor, mas que sintam ao menos um pouco de amor saindo do meu coração. Sei que não devo esperar por uma santidade improvisada e feita a toque de caixa, nem Jesus desejaria disso. Mas sinto que preciso de um passo a mais. Sei que ainda não posso ser tudo o que Jesus um dia espera de mim, mas tenho ciência de que já posso ser um pouco mais do que tenho sido. Posso amar um pouco mais, posso perdoar mais um tanto, posso compreender mais um pouquinho; posso ajudar um pouco mais do que tenho feito. Meu lema hoje é: "um pouco mais por dia, e todos os dias."

Talvez isso possa ajudar a outros cristãos que se sentem distanciados das religiões, por se sentirem demasiadamente cobrados por uma perfeição inatingível de momento, e que, por isso, abandonam por completo a caminhada com Jesus. Sentem-se desmotivados, por não corresponderem a tantas cobranças e expectativas de uma santificação imediata e,

---

154 Lucas: 6, 40.

colocando-se a pecha de "pecadores incorrigíveis", afastam-se do caminho da sua espiritualização. Não quero que me entendam com uma postura de condescendência para com as nossas imperfeições. Peço apenas que sejamos humanos, tão humanos quanto Jesus foi em relação aos que tomaram caminhos equivocados na longa estrada da evolução, pois o Mestre afirmou que tinha vindo para os doentes, e não para os sãos.[155]

Foi a partir dessa visão humana de Jesus que eu me reaproximei mais fortemente dele. Sinto-me um doente do espírito, e sei que Jesus me aceita como estou e está me tratando para que eu me cure. No tratamento do Médico Jesus, o tempo é um dos grandes aliados. Quando melhoro, ele se alegra. Quando tenho recaídas, ele me levanta. No plano de tratamento que estou seguindo, Jesus me receitou falar e escrever aos meus irmãos, amando e esclarecendo, descrevendo como tenho tentado me curar no esforço homeopático de amar um pouco mais, todos os dias. Nem santidade improvisada, nem acomodação egoísta. Jesus está reconciliando o meu passado com o meu futuro, dando sentido ao meu presente. Encaixe perfeito! E como isso é bom, como isso me faz tão bem!

Acho que é esse êxtase que aquele menino de 9 anos ainda não era capaz de compreender...

---

155 Marcos: 2, 17.

Girassol

Aprenda, então, a não falar excessivamente de si mesmo, nem comente a própria dor... É indispensável criar pensamentos novos e disciplinar os lábios. Somente conseguiremos equilíbrio, abrindo o coração ao Sol da Divindade.

CLARÊNCIO, ESPÍRITO[156]

Um princípio básico da ajuda espiritual consiste em que cada um comece ajudando a si mesmo. Vou fazer uma afirmação incômoda, porém necessária: Deus não faz as coisas para nós, faz através de nós. Se quisermos pegar água de chuva, precisamos estar com a boca da caneca voltada para cima. Há muita gente querendo socorro espiritual com a caneca virada para baixo!

Falar excessivamente de si mesmo, exaltando a própria dor, é postura que não favorece a libertação do nosso sofrimento.

---

[156] *Nosso Lar*, pelo Espírito André Luiz, psicografia de Francisco Cândido Xavier, FEB.

Ao contrário, pela força da palavra e da intenção dramática, que, muitas vezes, damos aos nossos problemas, estes se tornam mais intensos pela energia negativa que colocamos na situação. A queixa endurece os laços que nos prendem aos problemas. Por isso, a lição espiritual nos aconselha a disciplinar os lábios, isto é, a não utilizarmos a palavra para inventariar nossas reclamações, como se fôssemos vítimas impotentes e como se as dificuldades não fossem meios dos quais Deus se utiliza para nos movimentar na direção do progresso espiritual que, amiúde, negligenciamos.

As forças divinas somente atuam quando encontram em nós certas predisposições favoráveis às mudanças. Por isso é que se conclama o homem a abrir o coração ao Sol da Divindade! Assim como o girassol é uma planta heliotrópica, ou seja, vira o caule posicionando a flor na direção do Sol, o homem não pode viver sentado no chão frio, alimentando-se de suas lágrimas. O Sol da Divindade irradia esperança, fé e amor, um trio de forças gigantes, capaz de nos levantar de qualquer dificuldade. A esperança nos faz crer em dias melhores. A fé nos faz confiantes de que somos capazes de chegar a esses dias. E o amor desperta o melhor que existe em cada um de nós.

Na Mitologia Grega, vamos encontrar a história de Clície, uma ninfa que estava apaixonada por Hélio, o Deus do Sol. Ocorre que Hélio se interessou por outra mulher e deixou Clície, que, a partir de então, começou a enfraquecer. Ela ficava sentada no chão frio, sem comer e sem beber, alimentando-se apenas das próprias lágrimas. Enquanto o Sol estava no céu, Clície não desviava o olhar dele um só minuto, mas, durante a noite, o seu rosto se virava para o chão, derramando-se em pranto contínuo. Diz a lenda que, com o passar do tempo, os pés de Clície ganharam raízes e a sua face se transformou numa flor, e continuou seguindo o Sol. Assim teria nascido o primeiro girassol.[157]

Embora a lenda permita diversas interpretações, quero me limitar à reflexão de que, longe do Sol da Divindade, ninguém é capaz de florir no mundo. Portanto, façamos como o girassol, posicionemos nossa alma na direção de Deus e busquemos ardorosamente o Seu amparo. Isso será abandonar todo fatalismo que tem tornado nossas noites reincidentes na tristeza. Deus é vida, e vida que está em nós, vida em movimento constante de levantar, seguir e renovar, reclamando cada vez menos e agindo cada vez mais!

---

157 http://www.significados.com.br/flor-de-girassol/ - acesso em 03/08/2016.

Ética de mãe

Eu posso fazer qualquer coisa porque eu sou livre, mas eu não devo fazer qualquer coisa. O que é que eu não devo fazer? O que torna imunda a minha história, o que mancha a minha trajetória, o que agride a minha comunidade, o que envergonha a mim mesmo, o que entristece a minha mãe.

MARIO SERGIO CORTELLA[158]

Para dizer tão singelas e profundas palavras, o professor Cortella inspirou-se numa recomendação do apóstolo Paulo aos Coríntios: "Posso fazer tudo o que quero, mas nem tudo me convém."[159] Quem faz tudo o que quer, certamente, extrapola os limites da prudência, do bom-senso, da justiça e da ética, atolando-se em problemas de difícil solução.

---

158 https://www.youtube.com/watch?v=T297Qk_uPcI (acesso em 08 de maio de 2.016).
159 I Coríntios: 6, 12.

Nem sempre, porém, temos perfeitamente definidos os limites entre aquilo que podemos e aquilo que, embora podendo, não nos convém fazer. Por vezes, as situações são bem claras, em outras, nem tanto. Cortella dá alguns parâmetros daquilo que não devemos fazer, e o critério que me pareceu mais contundente foi o de não fazermos algo que entristeça a nossa mãe. Creio que ele acertou em cheio! Nada talvez nos constranja mais do que envergonhar nossa mãe, nossa primeira e eterna professora na escola chamada "vida".

Escrevo este capítulo no dia das mães do ano de 2016, e minha memória voltou rapidamente à infância, exatamente ao dia em que minha mãe pediu que eu comprasse pão e leite. Fui à padaria e trouxe a encomenda. No caminho de volta, contei o dinheiro e percebi que haviam me dado troco errado. Sobrava dinheiro. Fiquei contente e não via a hora de contar para minha mãe! Apressei o passo e, quando entrei em casa, fui logo contando a vantagem. Voltara com pão e leite e, praticamente, sem gastar quase nada. Achei que a mãe iria ficar contente. Mas não ficou... Olhou gravemente para mim e disse: – Volte à padaria e devolva o dinheiro que não é seu. Espero que, numa próxima vez, filho, você faça isso sem precisar que eu mande!

Essa foi uma das primeiras aulas de ética e justiça que eu recebi em minha existência, e, até hoje, pareço ouvir D. Manoela me falando aos ouvidos nos momentos em que seu filho está diante das encruzilhadas diárias da vida. E, quando concluo que posso deixá-la triste se tomar determinada atitude, procuro voltar à padaria e devolver o troco.

Assim, posso voltar tranquilo para casa.

Comédias, tangos e tragédias

O que nos faz viver é a esperança, é não querer nunca se despedir, é não se entregar.
FABRÍCIO CARPINEJAR[160]

Milhares de pessoas procuravam Chico Xavier pedindo orientação espiritual para seus dramas pessoais. Para a grande maioria delas, o médium reiteradamente dava o mesmo conselho: "Vamos sair daqui de braços dados com a esperança!"

Sem esperança, dificilmente conseguimos atravessar uma fase difícil, pois já não cremos num amanhã melhor, e nos sentenciamos a viver numa prisão perpétua de sofrimento. Sem esperança, a gente não luta, se entrega facilmente, vive se lamentando e tem a mente fechada para outros caminhos onde a felicidade também é possível.

---

160 *Curinga*, Arquipélago Editorial.

E quem disse que a felicidade tem só um caminho? O escritor Fabrício Carpinejar conta a interessante história de Léa Chagas: "Ela ficou 66 dias internada, uma semana de coma, 40 dias de UTI, enfrentou duas paradas cardíacas e sofreu duas amputações. Quando acordou, sabendo de tudo o que tinha acontecido, ela não se lamentou. Abriu um largo sorriso e falou: – Fui feliz de um jeito, agora vou ser feliz de outro jeito.[161]

Léa, certamente, gostaria de sair do hospital em totais condições de saúde. Isso, porém, não lhe foi possível. Ela poderia ter tido duas reações totalmente diversas diante do que lhe ocorreu. A primeira, a mais comum, seria mergulhar numa profunda depressão e passar o resto da sua vida se julgando a pessoa mais infeliz do mundo. A segunda reação seria a de sair do hospital de braços dados com a esperança, não a esperança de que tudo voltasse a ser como antes, mas de que, apesar das transformações, ainda era possível ser feliz de outro jeito. Ela tentaria ser feliz, apesar de todas as limitações físicas da sua nova condição de vida!

Estou certo de que, se Léa assistisse a um comercial de margarina, desses em que as pessoas estão euforicamente felizes às seis horas da manhã, ela se sentiria muito infeliz e não teria nenhuma esperança para continuar vivendo de outro jeito! Mas, graças a Deus, a felicidade não é um comercial, não é algo que se compre, não é um enlatado pronto para se deglutir, não é a ilusão de ter dias sempre com sol, não é uma flor de plástico para se cheirar!

---

161 Obra citada.

A felicidade está na vida, e a vida tem comédias, tangos e tragédias, e, sem passar por tudo isso, sem rir, dançar e chorar, sentindo cada emoção no seu próprio momento, ninguém consegue mesmo ser feliz com as voltas que a vida dá!

Essa é a esperança que me faz viver o mais plenamente possível, com o que der e vier!

Tiro ao alvo

Se um de vocês tem cem ovelhas e perde uma, será que não deixa noventa e nove no campo para ir atrás da ovelha que se perdeu, até encontrá-la? E quando a encontra, com muita alegria a coloca nos ombros. Chegando em casa, reúne os amigos e vizinhos, para dizer: alegrem-se comigo! Eu encontrei a minha ovelha que estava perdida.

JESUS[162]

Jesus foi muito criticado pelos religiosos da sua época porque ele acolhia os pecadores e comia com eles. E foi diante dos que o acusavam que Jesus contou a história da ovelha perdida, que transcrevi na abertura deste capítulo. Posso imaginar como foi difícil para eles, que se achavam justos e cheios de méritos, ouvirem essa narrativa cheia da ternura de Deus pelos chamados "pecadores"!

Aliás, vale a pena retomar a raiz etimológica da palavra "pecado", a fim de eliminarmos aquele peso moralista que

---
162 Lucas: 15, 4-6.

a religião emprestou ao vocábulo. O termo vem do grego "hamartáno" e do hebraico "hhata", com o significado de "errar" um alvo, um objetivo determinado.[163] Não atingir certo objetivo, equivocar-se no alvo, na estratégia, na conduta, na visão do objetivo, são atitudes plenamente humanas para todos aqueles que não foram criados prontos, perfeitos e acabados. Errar faz parte do processo pedagógico evolutivo da criatura humana, porque, somente a partir do momento em que erramos o alvo, é que iremos melhorar a nossa pontaria, para conseguirmos acertá-lo em uma nova oportunidade. Não custa insistir: não nascemos prontos, estamos nos construindo a cada momento.

Ao longo da história, o pensamento religioso usou o erro para julgar e condenar as pessoas, e, com isso, conseguiu-se a "proeza" de afastá-las de Deus, jogando-as no inferno da culpa e do isolamento. Jesus enfaticamente se opõe ao "trinômio" erro/culpa/castigo. O amor do Pai é o fundamento da sua atitude diante dos homens, sobretudo em face daqueles que erraram o alvo em suas vidas e que, por isso, além de sofrerem por não terem atingido o alvo, sentem-se, também, irremediavelmente condenados pela religião. Para eles, Jesus fala de como Deus se importa com a ovelha perdida, pois vai ao encontro dela e a coloca nos ombros, alegrando-se ao resgatá-la.

Creio que todos nós, de alguma forma, somos ovelhas perdidas, pois ainda não acertamos todos os alvos da nossa vida. Ainda não sabemos amar como é preciso. Ainda não somos

---

163 Ana Lucia Santana, http://www.infoescola.com/religiao/pecado/ (acesso em 14 de maio de 2.016).

tão fortes quanto é necessário. Ainda não temos total clareza dos caminhos que devemos percorrer. Ainda somos mais ingratos do que agradecidos. Ainda julgamos muito. Ainda pensamos exclusivamente em nós mesmos. Ainda não temos todas as respostas para nossas angústias. Nem sabemos o que fazer diante de muitas situações.

Mas tudo está certo, se enxergarmos que todos somos espíritos imperfeitos, construindo a nossa evolução através da eternidade. Não nascemos prontos, repito incansavelmente. Jesus não veio condenar aquilo que em nós ainda é simples ignorância, desconhecimento, falta de prática, imaturidade. O que ele deseja é exatamente que não nos sintamos punidos por Deus pela nossa inexperiência e que, por conta disso, paralisemos a nossa vida, nos condenando no inferno da culpa, do desprezo a nós mesmos e do distanciamento de Deus.

Por mais distantes que estejamos do alvo, Deus não perdeu seu amor por nós. Ele sabe quem somos, pois Ele nos criou à sua imagem e semelhança. Como um pai que não dá excessiva importância ao tombo da criança que engatinha, Deus não se importa com nossas quedas, pois Ele sabe que elas estão apenas fortalecendo as nossas pernas. Hoje, Ele veio mais uma vez ao nosso encontro. Pega-nos pela mão, cuida das nossas feridas, restaura nosso corpo cansado, resgata a nossa dignidade e nos estimula a levantar do chão e retomar a caminhada, aprendendo com os próprios erros, refazendo a nossa história!

Jangada no mar

Temos de pensar se evitar a dor e buscar o prazer é tudo o que a vida tem para nos oferecer. Cabe a nós decidir se temos uma obrigação somente para conosco ou se existem terras mais distantes às quais devemos chegar e onde precisam de nós. Este mundo talvez não precise de mais deuses, e sim de mais humanos.

STEPHEN BERTMAN[164]

Na Mitologia Grega, vamos encontrar a interessante história de Ulisses e Calipso. Ao fim da guerra de Troia, o mortal Ulisses almeja voltar para casa, seu reino, sua família, mas naufraga na ilha da solitária deusa Calipso. A ilha era um paraíso, e Calipso, uma deusa linda e sedutora. Inevitavelmente, os dois acabaram se entregando a uma grande paixão! Calipso, porém, sabia que Ulisses ficaria velho, que um dia morreria, e a paixão chegaria a um melancólico fim. Por isso, ela lhe faz uma proposta: daria a ele o néctar dos deuses, que

---

164 *Os Oito Pilares da Sabedoria Grega*, Sextante.

tornaria Ulisses imortal e sempre jovial, como Calipso. Mas, em troca, Ulisses jamais poderia sair daquela ilha paradisíaca e viver longe de Calipso. De fato, uma proposta tentadora!

Ulisses ficou pensativo. Havia um dilema a ser enfrentado: viver naquela ilha maravilhosa, desfrutando a condição de um deus imortal, sem nenhum desafio a enfrentar, sem nenhuma missão a cumprir, e ao lado de uma deusa exuberante, ou voltar para o seu reino, para sua família, seu povo, que precisavam dele, e para onde a morte o encontraria algum dia. Segundo Stephen Bertman, Calipso ofereceu a Ulisses tudo o que ela era, mas lhe negou tudo o que ele poderia vir a ser. Por isso, Ulisses partiu da ilha, carregado pelas ondas numa jangada, indo em busca de tudo aquilo que ele ainda poderia se tornar.[165]

É possível pensar, como Luc Ferry cogitou, que Ulisses tenha respondido à proposta de Calipso dessa forma: "mais vale uma vida bem-sucedida de mortal do que uma vida fracassada de Imortal."[166] Estou certo de que todos nós, de alguma forma, estamos vivendo esse dilema de Ulisses. Sonhamos com uma ilha paradisíaca, queremos um mundo perfeito, onde tudo esteja pronto, sem necessidade de trabalho e desafio. Queremos a terra firme e não desejamos enfrentar as tempestades do mar. Mas é na jangada em alto mar que Ulisses escolhe viver o seu destino. Ele prefere a paz que vem da luta à tranquilidade de um cemitério. Ele escolhe a emoção das incertezas do que vem pela frente em detrimento do tédio de todas as certezas dos deuses.

---

165 Obra citada.
166 *A Sabedoria dos Mitos Gregos*, Editora Objetiva.

A própria paixão de Calipso e Ulisses me parece questionável. Não houve opção, conquista, entrega e renúncia, apenas o transbordar dos instintos, sem qualquer movimento de amor, que apenas se constrói numa experiência humana e imperfeita. O amor nasce quando as imperfeições não importam mais, quando a distância aperta, quando a lágrima dilacera, quando o sentimento não cabe no esquadro das relações socialmente adequadas e vazias de calor.

Aceitasse ficar na ilha na condição de um deus, Ulisses teria uma vida fracassada, teria escolhido a morte na própria vida. Indo para alto mar, enfrentando os perigos da vida, os desafios do seu reino humano, Ulisses deu sentido à sua existência, e, mesmo sabendo que, um dia, a velhice e a morte chegariam, ele preferiu a jangada em alto mar, onde lhe dava gosto viver, à depressão de uma vida sem qualquer desafio!

Capa, galocha
e guarda-chuva

O papel de Deus não é tornar nossa vida mais fácil, fazer as dificuldades desaparecerem ou cuidar delas por nós. O papel de Deus é nos dar a visão para saber o que precisamos fazer, nos agraciar com as qualidades que precisamos ter na alma para lidar com as dificuldades, por mais difícil que seja, e nos acompanhar nessa jornada.

HAROLD S. KUSHNER[167]

Em minha vida, passei por algumas fases diferentes a respeito da imagem que eu fazia de Deus. Quando criança, a primeira ideia que eu tive foi a de um Deus idoso e mal-humorado, sentado no trono celestial, vigiando e punindo as criaturas na Terra pelos grandes ou ínfimos pecados. Eu tinha medo de Deus, porque até os meus pensamentos mais secretos Ele conhecia e poderia despejar sua ira sobre mim!

---

167 *As nove lições essenciais que aprendi sobre a vida*, BestSeller.

Jesus, porém, desfez essa imagem terrível, ao me apresentar Deus como um pai cheio de misericórdia. Um Deus que não pune, na medida em que não pode condenar aquilo que Ele mesmo criou com tanto amor. Um Deus que sabe que falhas são degraus de crescimento. Um Deus que não castiga, porque orienta e educa. Um Deus que apaga as chamas do fogo do inferno com os ventos da renovação que cada um é capaz de fazer em sua vida. Um Deus que se importa mais com amor do que com o pecado. Um Deus que acredita na sua criação e jamais desiste dela!

Eu também acreditava que Deus morava no céu. E essa ideia me afastava dele, porque eu estava muito longe de viver como vivem as pessoas que moram no céu. Eu me sentia órfão, abandonado, vivendo distante de um paraíso em que dificilmente eu conseguiria penetrar. Mas veio Jesus e explicou que Deus estava no coração de cada criatura, que o verdadeiro paraíso se constrói dentro de nós mesmos. E as portas do céu se abrem em meu coração cada vez que o amor preenche meus sentimentos e atitudes!

Por uns tempos, eu também acreditei que o papel de Deus era nos livrar das encrencas que nós mesmos arrumamos. Novamente, Jesus, porém, vem dizer que cada um é responsável pelas respostas que a vida dá às atitudes que cada um tomou. Deus não vai limpar o lixo que fizemos, mas vai nos inspirar a melhor maneira de fazer isso, para que aprendamos a não nos sujarmos outra vez.

Deus não nos livrará das tempestades da vida. Nesses dias, ele fará como minha mãe fazia nos dias de chuva, em que eu não queria ir para a escola. Minha mãe não me dava moleza!

Ela me oferecia capa, galocha e guarda-chuva, e me mandava para a escola. Deus também faz assim. Precisamos da experiência difícil para desenvolver os nossos talentos. Uma vida inteira de facilidades nos deixaria entorpecidos, frágeis e infelizes, pois o homem somente se realiza quando ele se movimenta na busca do melhor de si mesmo. Deus não nos poupa dos aguaceiros, mas nos dá o guarda-chuva da fé, a capa da coragem e as galochas que nos levam aos passos que precisam ser dados na superação da adversidade.

E, depois da tempestade, nos tornamos mais fortes, sábios e amadurecidos, porque olhamos para nós mesmos e, surpresos, descobrimos que Deus se escondia no lugar onde nunca havíamos procurado: dentro de nós mesmos!

Faxina geral

Toda dor tem seu lado positivo. Não te deixes levar pelo desânimo e segue para frente. O objetivo de toda a dificuldade é renovar a alma, a fim de elevar o ser às esferas maiores. Amanhã, quando esta dor passar, estarás mais forte e mais sensível, compreendendo melhor o amor e a sabedoria.

SCHEILLA[168]

Inegável que a dor incomoda, que o problema preocupa, que o obstáculo exige mais de nós mesmos. Mas, sem querer fazer apologia do sofrimento, precisamos reconhecer que a dor exerce um papel importante em nossa vida, e, quanto mais estivermos atentos a isso, procurando enxergar a lição que a dificuldade nos trouxe e assimilá-la o quanto antes, mais fácil e rapidamente a dor nos deixará, pois terá cumprido seus objetivos.

---

168 *A mensagem do dia*, psicografia de Clayton Levy, Editora Allan Kardec.

Diz a lição espiritual que, diante da dor, não devemos nos entregar ao desânimo e procuremos seguir adiante. A dor não vem para nos paralisar. Ao contrário, vem para nos movimentar em caminhos novos. Seu objetivo é renovar a nossa alma, elevá-la. Nesses momentos, cabem-nos algumas perguntas: O que está velho em mim? O que já está caduco, ultrapassado? O que já não funciona mais? O que se tornou inútil e pernicioso? O que tenho feito que me faz mal? O que faço que faz mal ao outro? Que sentimentos negativos tenho guardado? Como tenho estragado a minha vida?

A dor vem exatamente nos cutucar com essas perguntas. Não para cairmos em culpas, que apenas nos aprisionam em grades ainda maiores. O propósito da dor é provocar mudanças positivas, fazendo com que larguemos pensamentos, sentimentos e atitudes que estão travando o nosso progresso material e espiritual. A dor é um sinal de alarme, é uma informação que nos diz: "Ei, preste atenção, você está fazendo uma coisa que não é boa para você!" E ela vai ficar gritando isso, até que a gente ouça e faça alguma coisa que nos tire daquele modo de vida que está nos fazendo tão mal!

A dor vai nos incomodar, até que a gente se convença disso! Quanto maior for a nossa resistência a mudar, mais a dor vai nos apertar. E não há reza ou tratamento espiritual que nos livre de um problema, sem que cada um assimile as lições transformadoras que a dificuldade nos traz. Nesses casos, o melhor trabalho espiritual que se pode fazer é trabalhar o nosso próprio espírito, para que identifiquemos as áreas do nosso comportamento que carecem de renovação, mudança de rumo e transformação.

Jesus afirmou que ninguém deve remendar roupa velha com pano novo.[169] Talvez seja isso que estejamos fazendo até hoje. Remendando a nossa vida, remendando a nossa saúde, a nossa família, os nossos relacionamentos, o nosso trabalho, remendando tudo, mas continuando a ser a mesma pessoa cujas roupas já estão velhas e rotas e que precisam ser trocadas por novas. Deus quer nos dar vida nova, mas, para isso, precisamos limpar o armário da nossa vida e jogar fora o que já está carcomido pelas traças e cheirando à naftalina.

A dor veio fazer essa faxina! Será que a gente vai facilitar?

---

169 Mateus: 9, 16.

A maior viagem da nossa vida

> *Qual o meio prático mais eficaz para se melhorar nesta vida e resistir ao arrastamento do mal?*
>
> *- Um sábio da antiguidade vos disse: Conhece-te a ti mesmo'.*
>
> O LIVRO DOS ESPÍRITOS[170]

Confesso que nunca em minha vida eu me deparei com uma ferramenta de transformação pessoal tão profunda e libertadora como o autoconhecimento! É uma proposta que vem dos tempos da Grécia Antiga e que foi muito difundida pelo filósofo Sócrates, embora não seja ele propriamente o autor da frase. Consta que, na entrada do Templo de Delfos, havia a seguinte inscrição: "Ó homem, conhece-te a ti mesmo e conhecerás os deuses e o universo."

---

170 Questão n. 919, Allan Kardec.

O tema é tão relevante, que os Espíritos de Luz deram a Allan Kardec a mesma resposta quando foram questionados a respeito dos meios pelos quais o homem poderia se melhorar nesta vida e não se deixar levar pelo mal que nos ronda a cada instante (pergunta e resposta transcritas no início deste capítulo).

O esclarecimento espiritual nos leva a concluir que tanto o bem como o mal estão dentro de nós mesmos, assim como o caminho da vitória e o caminho da queda, o remédio que nos cura e o veneno que nos adoece, as razões que nos impelem a agir construtivamente e os motivos que nos levam a condutas destrutivas, as causas que nos fazem agir como um guerreiro invencível e as razões que nos transformam em crianças inseguras e frágeis.

Tudo está em nosso mundo íntimo, nesse universo interior tão rico e complexo, e ainda praticamente inexplorado por nós mesmos. O homem sabe mais da Lua do que de si mesmo! Está na hora de fazermos essa viagem interior, que a muitos pode parecer destituída de efeitos práticos para a resolução dos conflitos que nos infelicitam. Ledo engano! O autoconhecimento nos permitirá descobrir tanto as fontes cristalinas das nossas potências interiores como as nascentes das águas turvas que estão minando a nossa felicidade!

Certamente, a grande dificuldade de aceitarmos a proposta do autoconhecimento é o medo de enxergarmos nosso lado sombrio. Não é agradável constatarmos que não somos tão bons quanto imaginamos ser. Pode nos chocar descobrir que ainda temos fortes traços egoístas, orgulhosos, prepotentes, dominadores, mesquinhos, vingativos, maledicentes... Contudo, é um mal-estar necessário, pois somente a partir dele é que tomaremos conhecimento do que efetivamente somos, e não do que aparentamos para os outros ou para nós.

Autoconhecer-se é tirar as máscaras para si mesmo, é olhar serena e humanamente para as suas imperfeições, é colocar os pés no chão, é calçar o número do seu sapato, é assumir o real tamanho que se tem. Somente esse processo é capaz de curar o nosso orgulho, causa de muito sofrimento em nossa vida.

Quando eu passei a me conhecer, embora esse processo seja contínuo, logo constatei que eu tinha muitas idealizações a meu respeito. Eu queria ser o maior em tudo, o melhor em tudo, o primeiro em tudo, o perfeito em tudo, o certinho em tudo... o que me fazia uma pessoa muito orgulhosa, cronicamente insatisfeita e infeliz, porque nada me bastava, ninguém era bom o suficiente, nem eu mesmo.

E, quando eu me dei conta de que era insano exigir tudo aquilo que cobrava de mim e dos outros e de que, na prática, eu era um espírito comum, com virtudes e imperfeições, e isso estava dentro de um processo natural de crescimento, meu ego começou a desinflar, e eu passei a me aceitar do meu tamanho. Fiz as pazes com os meus inimigos interiores, conciliei os meus opostos, e pude entender melhor o que o Caetano Veloso disse em uma de suas músicas: "cada um sabe a dor e a delícia de ser o que é."[171]

---

[171] "Dom de Iludir".

Apesar das dores de um parto, conhecer-me tem sido muito terapêutico, pois começou a brotar em mim um pequeno filete de água chamado "humildade". Algumas ilusões chegaram ao fim, muitas guerras acabaram. Sinto-me hoje mais leve, mais tolerante comigo e com as pessoas, mais em paz com a vida, mais feliz, quem sabe. E, só por isso, já valeu ter me conhecido!

E você, está decidido a fazer a viagem mais importante da sua vida?

Alívio ou cura?

> *Qual a sua responsabilidade na desordem
> da qual você se queixa?*
> SIGMUND FREUD[172]

Um homem procurou o médico se queixando de intensa coceira nas virilhas. Examinando o paciente, o médico suspeitou que fosse micose. Para fechar o diagnóstico, indagou a respeito dos hábitos do enfermo, e, a partir disso, um interessante diálogo se estabeleceu ente os dois:
– Por que o doutor precisa saber disso?
– Porque preciso entender qual é a causa da sua micose!
– Me dá o remédio, doutor!
– Posso dar, mas, se não soubermos o motivo pelo qual os fungos o estão atacando, dificilmente chegaremos à cura. O remédio apenas aliviará os sintomas, mas não eliminará as causas. Então, me diga no que o senhor trabalha?

---

172 http://kdfrases.com/usuario/wtartuce/frase/5448f - acesso em 25 de maio de 2.016.

- Bem, doutor, tenho vergonha de contar...
- Por favor, fique tranquilo, a sala de um consultório médico é que nem confessionário.
- Eu trabalho com cavalos...
- Estou começando a entender. Mas o que faz exatamente?
- O doutor não poderia simplificar e me dar a receita do remédio? Acho que já falei o bastante...
- Ainda não tenho todos os elementos para prescrever o remédio. Por favor, me diga de que forma trabalha com cavalos...
- É difícil responder, doutor. Mas, já que o senhor insiste... eu, na verdade, sou um ladrão de cavalos. Fico espreitando no pasto algum animal perdido, e, quando vejo um, monto rapidamente sem uso de sela, e desapareço em fuga. Depois, vendo o animal em outras bandas. Será que agora o senhor pode me dar a receita?

Serenamente, então, o médico prescreve e entrega a receita ao paciente, com dois remédios:

1) Use pomada antimicótica duas vezes ao dia, por um mês.
2) Pare de roubar cavalos.

Ao ler a receita, o paciente, indignado, disse que somente usaria a pomada. E o médico esclareceu que, assim, ele nunca se curaria, pois a micose na virilha era proveniente do atrito e calor que a montaria inadequada causava.

Não podemos tratar os nossos problemas apenas com pomadas. É preciso ver se não estamos roubando cavalos...

Essa reflexão não tem nada a ver com culpa, mas, sim, com a virtude mais poderosa para gerenciar a nossa vida: assumir a responsabilidade sobre nós mesmos.

Jardineiro

O amor é como a rosa no jardim. A gente cuida, a gente olha, a gente deixa o sol bater. Pra crescer, pra crescer. A rosa do amor tem sempre que crescer. A rosa do amor não vai despetalar. Pra quem cuida bem da rosa. Pra quem sabe cultivar.
GILBERTO GIL[173]

Se o amor fosse um jardim, o jardineiro seria a figura mais importante. A maioria, porém, quer ser a rosa. A rosa é linda, sem dúvida, mas ela não seria tão bela, ou, talvez, nem existisse sem os cuidados do jardineiro.

O amor não sobrevive sem cuidado! Por isso, Jesus mandou a gente ser jardineiro: cuidar do outro como gostaríamos de ser cuidados. Sabemos que somos amados quando sentimos que estamos sendo cuidados, que não somos invisíveis, que somos tocados pelo afeto nas horas em que estamos frágeis,

---
173 Trecho da canção "Amor até o fim".

sem beleza ou perfume! Sabemos que somos amados quando o toque do desejo nos envolve fora da cama e, principalmente, quando estamos acamados.

O jardineiro gosta da rosa do amanhecer ao anoitecer, descabelada quando acorda e desmantelada de cansaço quando se deita. E cuida enquanto ela dorme, precisa saber se a rosa está respirando...

Já o oposto do amor é o abandono, a indiferença, a cegueira, a surdez, a gritaria ou a mudez, a ausência, o ciúme que encarcera. O jardineiro deixa a rosa tomar sol pra crescer, pra florir, pra encantar o mundo e voltar pra ele mais cheia de encanto e graça! Aí está a recompensa do bom jardineiro: ter em seu jardim uma rosa cuidada, amada, perfumada, delicada.

O mau jardineiro não verá sua rosa desabrochar, nem sentirá seu perfume, e será castigado ao vê-la despetalar a cada dia. Ele não a colocou no sol da ternura para crescer, e a rosa passará a murchar pela frieza no cuidado. Faltou calor...

Todos devemos ser, a um só tempo, jardineiros e flores. Mas estou certo de que o mundo está repleto de flores, por isso o amor anda à procura de bons jardineiros. Pra quem cuida bem da rosa, pra quem sabe cultivar, o amor saberá recompensar...

Lutando contra a morte

Quando eu morrer, minhas memórias vão se perder. Mas não quero que se percam. Tenho de dá-las para alguém que tome conta delas. Aí me vem a aflição por escrever. Quando escrevo, estou lutando contra a morte. Das coisas que o meu amor ajuntou e que vão se perder quando eu morrer.

RUBEM ALVES[174]

Neste último capítulo, uma voz desconhecida, talvez aquela que fala na consciência da gente, me propôs um desafio nada fácil: - Escreva como se fosse o último capítulo da sua vida, a derradeira oportunidade de enviar sua mensagem ao mundo.

Fiquei com um aperto no coração por alguns dias! Fiz um inevitável balanço da minha vida, e a vi como se fosse

---

174 *Se eu pudesse viver minha vida novamente*, Saraiva.

um livro, um livro que escrevi não com palavras, mas com os caminhos e descaminhos que eu percorri. Com as estradas por onde andei, com os atalhos que tomei e as encruzilhadas em que parei. Com os momentos em que fui glorioso e também com os dias em que fui medíocre. Com os erros que cometi por imaturidade e os equívocos em que incorri por teimosia. Mas foram esses erros que me trouxeram até aqui. Embora pudesse ter acertado mais, talvez, hoje, eu não seria o que sou, mais tolerante e compassivo. Hoje, me dou melhor com as fragilidades tão caracteristicamente humanas e acredito tenha me tornado melhor companhia para as pessoas.

Recordo as vezes em que me guiei mais pelo desejo de ser aceito pelos outros do que pela verdade dos meus sentimentos. Não foram tempos bons, porque vivia no exílio de mim mesmo. Hoje, busco a integridade do que sou, dentro do inevitável jogo de luz e sombra que compõe o espetáculo que é a vida de cada um. Tento viver mais perto de mim, e isso me faz mais feliz.

Tentei escalar o mundo pelo insaciável desejo de grandeza, embora vivendo no rodapé das minhas inseguranças. Demorei a entender que a grandeza está na profundidade com que se vivem os instantes mais simples da vida.

Muitos me julgaram um ser iluminado, mas eu apenas tentava fugir da minha própria escuridão. Alguns me chamaram de anjo, mas eu estava tentando apenas me livrar das patas com as quais eu machuquei algumas pessoas. A todas elas eu peço perdão e faço a minha promessa de que, quando eu for, de fato, um anjo, voltarei para envolvê-las com minhas asas. Por ora, elas ainda são de cera, iguais às de Ícaro, ainda se derretem à luz do sol. Porém, se quiserem um cantinho no meu coração de gente, por favor, sentem-se e acomodem-se...

Se eu pudesse viver minha vida outra vez, é claro que eu diria que tentaria fazer as coisas diferentes, acertar mais, errar menos, amar mais... Mas isso não é possível, nem desejável. A vida se escreve todos os dias, não volta para trás. Não é possível apagar as linhas do passado, mas é possível escrever o presente com mais maturidade e beleza, com vistas a um futuro melhor. E é isso o que tenho tentado fazer. Não sei quantos dias ainda me restam, mas isso não importa tanto. Quero saber das horas que ainda estão comigo e vivê-las com a intensidade possível, sem me frustrar pelas coisas inatingíveis. Se não posso tocar as estrelas, posso colher as flores no jardim da vida.

Este livro é uma flor que plantei no jardim da sua vida. Ficarei muito feliz se essa flor, algum dia, perfumar seus caminhos, tornar seus dias mais suaves e belos.

Ei! Estou vendo uma linda rosa ali adiante! Com sua licença, vou vê-la agora mesmo, não sei quanto tempo ela estará lá!

E, se, algum dia, você não me vir mais por aqui, é porque eu fui colher flores em algum outro lugar...

O Mestre do Caminho
José Carlos De Lucca

O leitor vai encontrar um Jesus vivo, sábio e amoroso, como ele o é, um Jesus que sai da História para entrar na vida de cada um, que não veio diretamente nos salvar, mas, sim, nos apresentar o caminho!

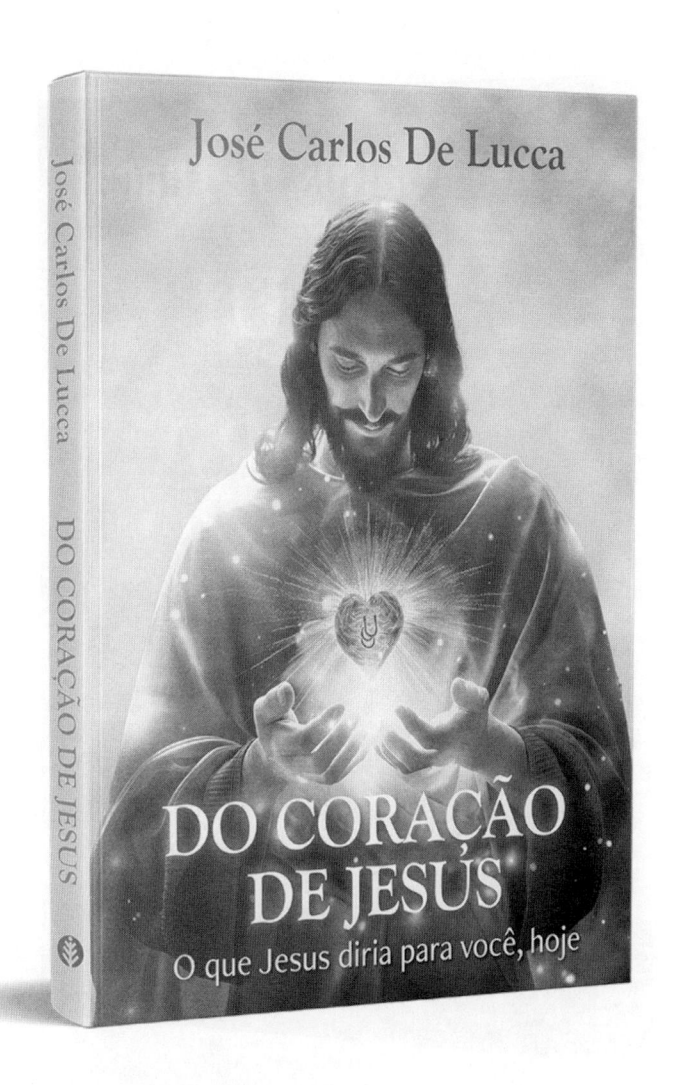

Do Coração de Jesus
José Carlos De Lucca

 Cada página desta obra é uma conversa no sofá da sala, no corredor do hospital, na entrevista de emprego, na estação do adeus, quando alguém parte do nosso convívio físico; nas calçadas da vida, onde perambulamos, muitas vezes desesperançados.

Aqui e Agora
José Carlos De Lucca

De Lucca fala da importância de cultivarmos a nossa Espiritualidade, pois é ela que confere sentido e propósito à nossa vida, é o que explica de onde viemos, qual a nossa missão neste mundo e para onde vamos depois de deixar o plano terreno.

Simplesmente Francisco
José Carlos De Lucca

   Extraindo reflexões sobre a vida repleta de desafios, conflitos e superações de São Francisco de Assis, De Lucca nos convida a buscar um sentido para a nossa vida também. Deixemos que Francisco, simplesmente, nos guie por esse caminho!

Alguém me tocou
José Carlos De Lucca

Este livro nos mostra que o Mestre espera mais de nós; que não fiquemos apenas aguardando ser "tocados" por Ele.

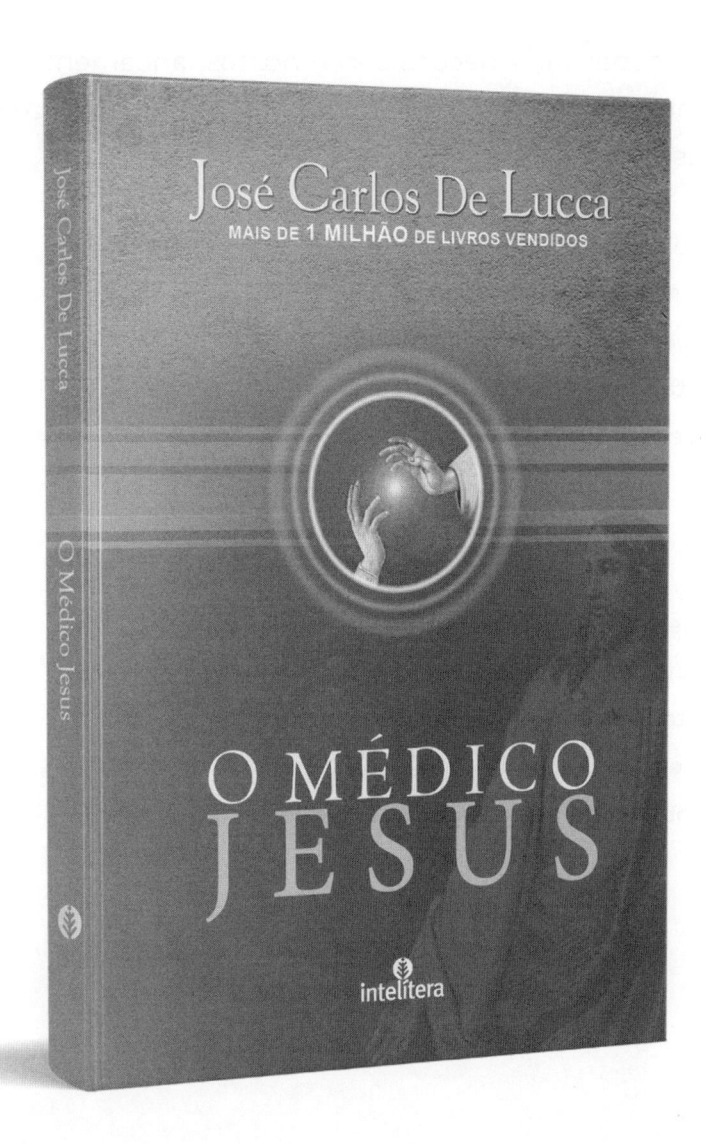

O Médico Jesus
José Carlos De Lucca

Ao ter este livro o leitor se sentirá como alguém que está prestes a se consultar com o médico mais habilidoso de todos os tempos.

Para receber informações sobre nossos lançamentos, títulos e autores, bem como enviar seus comentários, utilize nossas mídias:

🌐 intelitera.com.br
✉ atendimento@intelitera.com.br
▶ youtube.com/inteliteraeditora
📷 instagram.com/intelitera
f facebook.com/intelitera

🌐 jcdelucca.com.br
▶ youtube.com/José Carlos De Lucca
📷 instagram.com/josecdelucca
f facebook.com/orador.delucca
🎵 spotify.com/Podcast José Carlos De Lucca

Esta edição foi impressa pela Lis Gráfica e Editora no formato 160 x 230mm. Os papéis utilizados foram o papel Chambril Avena 70g/m² para o miolo e o papel Cartão Ningbo Fold 250g/m² para a capa. O texto principal foi composto com a fonte SabonNext LT 13/18 e os títulos com a fonte Euclid 26/30.